Johannes Grave

Freiheit?

Ästhetik um 1800

begründet
von Reinhard Wegner
herausgegeben
von Johannes Grave und Sabine Schneider

Band 17

Johannes Grave

Freiheit?

Eugène Delacroix, die Revolution von 1830 und die Politik der Bilder

WALLSTEIN VERLAG

Gefördert durch die Deutsche Forschungsgemeinschaft (DFG)
aus Mitteln des Gottfried Wilhelm Leibniz-Preises.

Bibliografische Information der Deutschen Nationalbibliothek
Die Deutsche Nationalbibliothek verzeichnet diese Publikation in der Deutschen Nationalbibliografie; detaillierte bibliografische Daten sind im Internet über http://dnb.d-nb.de abrufbar.

www.wallstein-verlag.de
Vom Verlag gesetzt aus der Adobe Garamond
Umschlaggestaltung: Susanne Gerhards,
unter Verwendung von: Eugène Delacroix: »Die Freiheit führt das Volk«
Druck und Verarbeitung: Friedrich Pustet, Regensburg
Lithos: SchwabScantechnik
gedruckt auf säure- und chlorfreiem, alterungsbeständigem Papier
ISBN 978-3-8353-5673-3

Inhalt

I. Zeitfragen . . . 7

II. Deutungsfragen . . . 11

III. Die Julirevolution und ihre Darstellung durch Delacroix . . 18

IV. Soziale Typen und eine ›allégorie réelle‹ . . . 25

V. Bildeinheit und kompositorische Spannungen . . . 32

VI. Die ›Freiheit‹ im Netz der Bilder . . . 37

VII. Werkgenese: Von der Einheit zum Widerstreit . . . 46

VIII. Ambivalente Anleihen . . . 55

IX. Bildzeit und Betrachtungszeit . . . 65

X. Unterbrechungen . . . 72

XI. Ambivalenzen der Freiheiten . . . 83

XII. Von der Darstellung der Freiheit zur Freiheit der Betrachter 94

XIII. Zur Aktualität eines sperrigen Bildes . . . 100

XIV. Postscriptum: Im neuen Licht.
Die jüngste Restaurierung des Bildes . . . 104

Abbildungen . . . 107

Dank . . . 159

Bildnachweis . . . 160

On parle toujours de la liberté; c'est le but avoué de toutes les révolutions, mais on ne dit pas ce que c'est que cette liberté. [...] La liberté politique est le grand mot auquel on sacrifie précisément, dans cet ordre d'idées, la plus réelle liberté.

Eugène Delacroix, 1861

I. Zeitfragen

Die Freiheit führt das Volk (Abb. 1)[1] traf bei den Zeitgenossen auf eine auffällig ambivalente Resonanz. Das in zahllosen Reproduktionen verbreitete Gemälde, das im deutschen Sprachraum unter diesem Titel bekannt geworden ist, brachte Eugène Delacroix viel Aufmerksamkeit, allerdings auch teils harsche Kritik ein, seitdem es im Salon des Jahres 1831, also nur wenige Monate nach der Julirevolution von 1830, erstmals präsentiert wurde. Zu den lobenden, ja begeisterten Reaktionen zählt ein längerer Abschnitt in der ausführlichen Salonkritik von Gustave Planche, die in Buchform erschien.[2] Der Literatur- und Kunstkritiker ging so weit, Delacroix' Gemälde als das schönste Werk im Salon zu bezeichnen, wenngleich auch er die kritischen Stimmen nicht ignorieren konnte und einem Teil des Publikums mangelndes Verständnis für das Bild unterstellte. Um seine eigene Bewertung dennoch zu rechtfertigen, führte Planche eine bemerkenswerte Überlegung an:

> »Es ist ganz einfach das schönste Bild des Salons; es ist ein Werk, das Bestand haben wird; aber um es ganz zu verstehen, um den ganzen Reichtum und alle Freiheiten der Ausführung zu würdigen, braucht man die gleiche Zeit und das gleiche Studium, wie um den *Don Giovanni* oder die *Semiramide* zu erfassen. Es ist weder dem Geist noch den Augen gegeben, durch Improvisation zu erfassen, was nicht im-

1 Grundlegende Informationen zum Gemälde und eine erste Orientierung über die Forschung bieten: Lee Johnson: *The Paintings of Eugène Delacroix. A Critical Catalogue*, 6 Bde. Oxford 1981-1989, Bd. 1, S. 144-151, Nr. 144; Hélène Toussaint: *La liberté guidant le peuple de Delacroix* (Ausst.-Kat. Paris, Musée du Louvre). Paris 1982; Arlette Sérullaz und Vincent Pomarède: *Eugène Delacroix. La liberté guidant le peuple*. Paris 2004.

2 Gustave Planche: *Salon de 1831*. Paris 1831. – Zu Planche vgl. Pontus Grate: *Deux critiques d'art de l'époque romantique: Gustave Planche et Théophile Thoré*. Stockholm 1959; Marijke Jonker: *Gustave Planche, or The Romantic Side of Classicism*, in: Nineteenth-Century Art Worldwide 1 (2002), Nr. 2. URL: http://www.19thc-artworldwide.org/autumn02/257-gustave-planche-or-the-romantic-side-of-classicism (letzter Zugriff: 9. April 2022).

provisiert wurde, und auf Anhieb und wie im Spiel zu erraten, was der Künstler zeitaufwendig versucht oder gesucht hat.«[3]

Auf den ersten Blick scheint das Argument naheliegend: Publikum und Kritiker hatten sich schlichtweg nicht hinreichend lang und aufmerksam auf Delacroix' Gemälde eingelassen, um dessen Qualitäten erkennen und verstehen zu können. Allerdings zieht Planche Vergleiche, die – wenn man sie auch nur annähernd buchstäblich versteht – eher Fragen aufwerfen. Denn Mozarts Oper *Don Giovanni* (1787) mit einer Aufführungsdauer von über zweieinhalb Stunden sowie vor allem Giacomo Rossinis Opera seria *Semiramide* (1823), deren ungekürzte Aufführung gute vier Stunden in Anspruch nimmt, stecken einen Zeitrahmen ab, der selbst geübten und interessierten Kunstliebhabern für eine Bildbetrachtung außergewöhnlich erscheinen muss. Wollte Planche tatsächlich nahelegen, sich mehrere Stunden mit Delacroix' Bild zu befassen? Oder spielte er mit dem Verweis auf die beiden Opern bewusst auf zwei Handlungen an, in denen Verwechslungen und Verwicklungen zwischen Figuren sowie Fehleinschätzungen von Charakteren und Identitäten besondere Bedeutung zukommt,[4] so dass sich die Betrachter von Delacroix' Bild dazu veranlasst sehen könnten, auch das dortige Personal und dessen Verhalten zu hinterfragen?

Halten wir uns zunächst allein an das Argument, das Planche selbst ausformuliert hat, also an die Idee, dass ein meisterhaftes Werk seinen Rezipienten viel Zeit abverlangt. Vor kaum einem Bild scheint diese Überlegung weniger nahezuliegen als vor Delacroix' Gemälde. Denn warum sollte ausgerechnet die Darstellung der Barrikade in all ihrer Momenthaftigkeit der heranstürmenden Freiheitskämpfer zu einer stundenlangen Betrachtung einladen? Müsste eine langwierige Beschäftigung

3 Planche: *Salon de 1831*, S. 111 f.: »C'est tout simplement le plus beau tableau du Salon; c'est une œuvre qui doit durer; mais pour la comprendre tout entière, pour apprécier toutes les richesses et toutes les franchises de l'exécution, il faut le même temps et la même étude que pour saisir le *D. Giovanni* ou la *Semiramide*. Il n'est pas donné à l'esprit ou aux yeux de saisir par improvisation ce qui n'a pas été improvisé, de deviner du premier coup, et comme en se jouant, ce que l'artiste a long-temps essayé ou cherché.«

4 In Mozarts Oper bleibt Don Giovannis Charakter für viele Beteiligte lange schwer durchschaubar; immer wieder gaukelt er falsche Tatsachen vor; zudem nötigt er Leporello zu Beginn des 2. Aktes, seine eigene Identität anzunehmen. In Rossinis *Semiramide* klärt sich erst im Verlauf der Handlung das problematische Verwandtschaftsverhältnis zwischen Semiramide, Arsace und Azema. Eine Verwechslung im Dunkel des Mausoleums führt zudem in der letzten Szene dazu, dass Arsace versehentlich seine Mutter Semiramide und nicht Assur tötet.

mit dem Gemälde nicht zwangsläufig dazu führen, dass das Bild seine packende Wirkung einbüßen würde? Diese Fragen stellen sich umso mehr, als Planche selbst festgestellt hatte, dass die Szene von Delacroix so wiedergegeben worden sei, wie sie sich vor dessen eigenen Augen abgespielt habe.[5] Droht das dargestellte Geschehen aber nicht jede Präsenz und Dynamik zu verlieren, wenn man allzu lange auf das Gemälde schaut?

Planche mag selbst geahnt haben, welche Fragen sein Versuch aufwarf, Delacroix' Werk trotz sehr geteilter Reaktionen eine meisterhafte Qualität zu attestieren. Während er die Wirklichkeitsnähe der Darstellung betonte und auf diese Weise zum Beispiel die gedämpfte Farbigkeit erklärte, hob er zugleich hervor, dass mit der zentralen Figur ein idealisierender Zug in das Bild gelangt sei. Die Frau in der Bildmitte verstand er als eine Vereinigung von Allegorie und Realität, die dem Ganzen Größe und majestätische Würde verleihe.[6] Und überhaupt ging für Planche die Wirkung des Bildes nicht allein darin auf, einen Augenblick in einem dynamischen Geschehen zu veranschaulichen: »Wir sehen in diesem Bild zwar die Bestandteile einer Handlung, aber die Handlung selbst scheint uns abwesend zu sein. Wir können nicht genau erkennen, ob der Kampf im Gange ist, ob er endet oder beginnt.«[7]

Wenn Gustave Planche mit seiner ausführlichen Würdigung des Bildes nicht gänzlich fehlgeht, kann Zeit bei der Betrachtung der *Liberté* in gleich zweifacher Hinsicht zum Gegenstand des Nachdenkens werden: Zum einen ist mit dem mitreißenden Geschehen auf der Barrikade nicht sogleich anschaulich, welches Stadium der Revolution vergegenwärtigt wird. Zum anderen wirft die Überlegung von Planche die Frage auf, wie sich die Zeit der Bildbetrachtung zur raschen Wandelbarkeit des dargestellten Ereignisses verhält. Sofern man den Vorschlag in Erwägung zieht, dass das Gemälde längere Zeit aufmerksam betrachtet werden sollte, wird zwangsläufig zweifelhaft, ob die effektvolle Inszenierung des Barrikadensturms vorrangig darauf zielen kann, uns an diesem Augenblick teilhaben zu lassen. Auf den ersten Blick scheint alles darauf abgestellt, dass wir uns selbst im Strudel der Ereignisse wiederfinden. Eine langanhaltende Betrachtung ist einem solchen Miterleben allerdings

5 Planche: *Salon de 1831*, S. 108 f.: »Il a pris la scène telle qu'elle s'est passée sous ses yeux […].«

6 Ebd., S. 109: »l'alliance de l'allégorie et de la réalité«.

7 Ebd.: »[…] nous voyons bien dans ce tableau les élémens d'une action, mais que l'action elle-même nous semble absente. On ne voit pas précisément si le combat est en train, s'il finit ou s'il commence.«

nicht zuträglich. Läuft Delacroix' Bild Gefahr, den ersten effektvollen und packenden Eindruck dadurch zu verspielen, dass es seine vielfältigen Detailmotive und seine klug kalkulierte Komposition eingehender gewürdigt wissen will? Kann es sinnvoll sein, mehrere Stunden vor einem Bild zu verbringen, das offenkundig nur einen schnelllebigen Augenblick zeigt?

II. Deutungsfragen

In unserer Bildkultur und unserem kollektiven Gedächtnis ist Delacroix' Gemälde *Le 28 juillet. La liberté guidant le peuple* verlässlich mit bestimmten Assoziationen und Konnotationen verknüpft. Wo es im heutigen Bilderhaushalt – sei es in getreuer Reproduktion, sei es in spielerischer Adaption – begegnet, steht es für ein Ideal der Freiheit und für die Dynamik revolutionärer Aufbrüche in die Zukunft. In Frankreich ist das Bild spätestens im 20. Jahrhundert zu einer »icône républicaine«[1] geworden, die auf Briefmarken und Banknoten erscheint und zugleich von sehr verschiedenen Seiten des politischen Spektrums herangezogen werden kann. Aber auch Werbung, Wirtschaft und Populärkultur greifen Delacroix' Bildfindung auf – fast durchgängig mit einer affirmativen Haltung. Der Eindruck drängt sich auf, dass wir intuitiv wüssten, worum es sich bei dem Gemälde handelt; denn nur dann erscheint es sinnvoll, es zur plakativen Verstärkung von Botschaften einzusetzen.

Sobald man jedoch in die kunstkritischen Debatten des Jahres 1831 oder in die spätere kunsthistorische Literatur schaut, trübt sich das vermeintlich so klare Bild ein und die impliziten Vorannahmen werden fraglich. Insgesamt 33 zeitgenössische kunstkritische Texte, die sich zum Gemälde äußern, hat der Kunsthistoriker Nicos Hadjinicolaou 1979 zusammengetragen und detailliert ausgewertet.[2] Während in der Forschungsliteratur zuvor in der Regel nur einzelne Kritiken exemplarisch zitiert worden waren, machte Hadjinicolaous Übersicht darauf aufmerksam, wie vielstimmig die Reaktionen auf das Gemälde waren. Bemerkenswert ist nicht nur das breite Spektrum der Einschätzungen, das von nachdrücklich lobenden bis zu fundamental kritischen Urteilen reicht, sondern auch wie sich diese Bewertungen in der ausdifferenzierten und stark politisierten Presselandschaft verteilten. Zwar überwiegen in Zeitungen, die tendenziell der linksbürgerlichen Opposition nahestanden, die sich gegen die gerade etablierte Julimonarchie unter Louis-Philippe formiert hatte, positive Würdigungen von Delacroix' Bild; und analog dazu finden sich im reaktionären, aristokratisch-monarchistischen Lager kritische Stimmen. Allerdings erweist sich das Gesamtbild

1 Sérullaz/Pomarède: *Eugène Delacroix. La liberté*, S. 9 u. S. 58.

2 Nicos Hadjinicolaou: *›La liberté guidant le peuple‹ de Delacroix devant son premier public*, in: Actes de la recherche en sciences sociales 28 (1979), S. 3-26; ders.: *Die Freiheit führt das Volk von Eugène Delacroix. Sinn und Gegensinn*, übers. von Gisela Kubel und Susanne Wallmann. Dresden 1991, bes. S. 52-92. Vgl. ferner Sérullaz/Pomarède: *Eugène Delacroix. La liberté*, S. 50-56.

bei näherer Betrachtung als weniger eindeutig. Denn die zahlreichen Zeitungen, die dem sog. Juste Milieu zugerechnet werden können und damit der neuen Regierung wohlwollend gegenüberstanden, druckten sowohl kritische als auch positive Besprechungen ab. Und auch im linksliberalen und im reaktionären Lager finden sich jeweils sehr unterschiedliche Positionen.

Hadjinicolaou bemühte sich darum, dem heterogenen Befund einen tieferen Sinn abzugewinnen und zu erklären, warum die lobenden und ablehnenden Urteile nicht zweifelsfrei mit den verschiedenen politischen Tendenzen korrelieren. Innerhalb der politischen Lager hänge das Urteil, so Hadjinicolaou, nicht zuletzt davon ab, ob der jeweilige Rezensent eher die idealisierenden oder aber die wirklichkeitsnahen, dokumentarisch anmutenden Züge des Bildes betone. Einige konservative Kritiker hätten Delacroix dafür gelobt, dass er unverblümt und wirklichkeitsgetreu die eigentlichen Akteure der Revolution vor Augen führe: das einfache Volk, den ›Pöbel‹, Vertreter eines sozial depravierten, teils kriminellen Milieus. Eine solche Sicht auf das Gemälde habe wiederum im Juste Milieu sowie in linksbürgerlichen Zeitschriften einer Kritik an Delacroix' Bild Vorschub geleistet, dem ein Mangel an Idealisierung und eine allzu direkte, hässliche Darstellungsform vorgeworfen worden sei. Letztlich, so Hadjinicolaou, spiegele sich in den vielstimmigen Reaktionen wider, wie umstritten die Wahrnehmung und Beurteilung der Revolution selbst gewesen seien. Das Gemälde habe mit der prominenten Inszenierung von Akteuren aus dem einfachen Volk auf teils unliebsame Weise in Erinnerung gerufen, dass die Revolution keineswegs hauptsächlich von jenen getragen worden war, die nach dem Juli 1830 die Träger und Profiteure der neuen politischen Verhältnisse wurden. Folgt man dieser Deutung, so hätte Delacroix seine Zeitgenossen darauf gestoßen, dass – mit klassenkämpferischen Begriffen gesprochen – die Julirevolution im Kern ein Aufstand des Proletariats gewesen sei, den sich die wohlhabende Bourgeoisie zunutze gemacht habe.

Der Versuch, dem heterogenen Gesamtbild eine Kohärenz abzuringen, aus der sich eine Deutung von Delacroix' Gemälde ableiten lässt, hat die jüngere Forschung nicht vollauf überzeugen können.[3] Hadjinico-

3 Vgl. bereits Nathalie Heinich: *Lettre à ›Actes de la recherche‹ à propos de l'article de Nicos Hadjinicolaou*, in: Actes de la recherche en sciences sociales 31 (1980), S. 89-90; dazu die Replik von Hadjinicolaou: *Die Freiheit*, S. 141-149; vgl. ferner Toussaint: *La liberté*, S. 58; Alain Daguerre de Hureaux: *Delacroix. Das Gesamtwerk*. Stuttgart 1994, S. 94; Barthélémy Jobert: *Delacroix*. Paris 1997, S. 132; Ralph Ubl: *Eugène Delacroix' Figuration der Freiheit*, in: Friedrich Balke, Harun Maye und Leander Scholz (Hg.): *Ästhetische Regime um 1800*. München 2009, S. 139-164, bes. S. 144.

laou gestand zwar zu, dass es zu kurz greifen würde, die Urteile der Kritiker allein mit dem Kriterium zu korrelieren, wie sie zur Revolution standen. Dennoch beharrte er darauf, die kunstkritischen Bewertungen auf politische Positionen zurückführen zu können. Er konzentrierte sich damit auf einen zweifellos wichtigen Faktor, da gerade die französische Kunstkritik seit den 1820er Jahren explizit auf politische Tendenzen und Spannungen Bezug nahm. Allerdings blendete er aus, dass daneben auch andere Faktoren und Kriterien – insbesondere ästhetische Leitvorstellungen – das Meinungsbild der Kunstkritik prägten. Vor allem aber versuchte Hadjinicolaou ein möglichst widerspruchsfreies Erklärungsmuster für die vielstimmigen Urteile der Kritik zu entwickeln, anstatt deren Heterogenität als ein für sich genommen aufschlussreiches Symptom zu verstehen. Denn wenn die verschiedenartigen Bewertungen nicht bruchlos politischen Lagern zugeordnet werden können, liegt die Vermutung nahe, dass Delacroix' *Liberté* mehr Ambivalenzen und Unbestimmtheiten aufweist und damit mehr Fragen aufwirft, als es ihre spätere Stellung im kollektiven Bildgedächtnis glauben macht.

Die frühe Kunstkritik zeigt immerhin bemerkenswert klar auf, wie unterschiedlich das Bild wahrgenommen werden konnte: Sahen einige eine mitreißende, heroisierende und idealisierende Hommage an die Revolution, so erblickten andere darin eine provozierend ungeschönte Darstellung des Pöbels und seiner blinden Entschlossenheit. Besonders erklärungsbedürftig sind dabei die strengen, kritischen Stimmen in einigen Blättern der linksliberalen Presse: Louis Peisse etwa monierte in *Le National*, dass die tapferen Revolutionäre bei Delacroix wie »Verbrecher« geschildert würden.[4] Und dem Rezensenten in *La Tribune* schien die Revolution wie »ein Gegenstand des Schreckens und des Abscheus« dargestellt.[5] Charles Letellier spitzte solche Kritik nochmals zu, indem er Delacroix' Freiheitsbild als »einen ziemlich üblen Angriff auf die Freiheit« bezeichnete.[6] Das Gemälde konnte mithin als regelrechte Kritik an der Revolution oder zumindest an deren Akteuren aufgefasst werden.

4 [Louis Peisse]: *Salon de 1831 (cinquième article). M. Delacroix – Romantisme*, in: Le National, Nr. 150, 30.5.1831, S. 4: »Il aurait pu anoblir ces têtes par l'expression de l'enthousiasme et du courage; il l'aurait dû même, et il a certainement manqué à cette vérité réelle qu'il cherche tant, en donnant à des braves qui défendent une redoute l'air de malfaiteurs embusqués pour faire un mauvais coup.«

5 [Anonym]: *Salon de 1831 (1er article)*, in: La Tribune [des départments], Nr. 137, 17.5.1831, S. 4: »Voilà bien la révolution telle que l'ont voulu faire les doctrinaires, c'est-à-dire un objet d'horreur et de dégoût.«

6 Maximilien Raoul [= Charles Letellier]: *Salon de 1831 (deuxième article)*, in: Le Cabinet de Lecture, Nr. 119, 29.5.1831, S. 17-20, bes. S. 18: »Sa scène du 28 juillet

Nur auf den ersten Blick scheint die kunsthistorische Forschungsliteratur ein einheitlicheres Bild darzubieten.[7] Zwar stimmen die meisten Forschungsbeiträge darin überein, Delacroix' Gemälde als eine affirmative Darstellung der Julirevolution zu verstehen. Doch treten bei genauerer Betrachtung auch hier unterschiedliche und schwer miteinander vereinbare Akzentsetzungen hervor. Hadjinicolaou hat das Bild, wie gerade skizziert, als Würdigung der einfachen Bevölkerung der Arbeiter und Handwerker gedeutet, während andere eher ein über Klassengrenzen hinwegreichendes Bündnis veranschaulicht sahen, das auch die Bourgeoisie einschließe.[8] Entsprechend breit fällt das Spektrum der politischen Tendenzen aus, als deren Ausdruck Delacroix' Bild aufgefasst wird: Oft gilt es als Zeugnis von »liberalen Sympathien« des Malers, mithin als Zustimmung zur bürgerlich-liberal geprägten Julimonarchie, wobei Delacroix die neue politische Freiheit mit seinem Drang nach künstlerischer Freiheit verbunden habe.[9] In eine eher frühsozialistische Richtung weist hingegen Werner Hofmann, indem er eine Nähe zum Gedankengut des Saint-Simonismus suggeriert.[10] Und ein weiteres deutlich andersartiges politisches Milieu ist angesprochen, wenn das Bild immer wieder auf Indizien hin befragt wird, die auf bonapartistische Neigungen schließen lassen.[11] Zu den sehr unterschiedlichen politischen

est, selon moi, une assez mauvaise charge contre la liberté.« Letellier verbindet seine Kritik mit dem Vorwurf, dass Delacroix zum Teil Géricaults *Floß der Medusa* direkt kopiert habe (»textuellement copié«).

7 Vgl. auch den knappen, aber pointierten Überblick bei Ubl: *Delacroix' Figuration*, S. 141 f.

8 Vgl. u. a. Timothy J. Clark: *Der absolute Bourgeois. Künstler und Politik in Frankreich 1848 bis 1851* [engl. Orig. 1973]. Reinbek 1981, S. 26 f.; Thomas W. Gaehtgens: *Der Künstler als Held. Eugène Delacroix*, in: Ekkehard Mai und Anke Repp-Eckert (Hg.): *Triumph und Tod des Helden. Europäische Historienmalerei von Rubens bis Manet* (Ausst.-Kat. Köln, Wallraf-Richartz-Museum). Mailand 1987, S. 115-125, bes. S. 119; Daguerre de Hureaux: *Delacroix*, S. 92.

9 Nina M. Athanassoglou-Kallmyer: *Delacroix zwischen ›Griechenland‹ und ›Die Freiheit‹. Anmerkungen zur politischen Allegorie im Frankreich der Restaurationszeit*, in: Stefan Germer und Michael F. Zimmermann (Hg.): *Bilder der Macht – Macht der Bilder. Zeitgeschichte in Darstellungen des 19. Jahrhunderts*. München 1997, S. 257-266, hier S. 265.

10 Werner Hofmann: *Sur la ›Liberté‹ de Delacroix*, in: Gazette des Beaux-Arts 6. pér. 86 (1975), S. 61-70, bes. S. 65 u. S. 67; sowie ders.: *Das entzweite Jahrhundert. Kunst zwischen 1750 und 1830*. München 1995, S. 605.

11 Vgl. etwa Pierre Gaudibert: *Eugène Delacroix et le romantisme révolutionnaire: à propos de ›La Liberté sur les Barricades‹*, in: Europe 41 (1963), Nr. 408, S. 4-21; Jörg Traeger: *Die Epiphanie auf der Barrikade. Zum Bild der Revolution bei Delacroix*, in: Bazon Brock und Achim Preiß (Hg.): *Ikonographia. Anleitung zum Lesen von*

Bedeutungszuschreibungen treten in der Forschungsliteratur zahlreiche Hinweise auf religiöse Konnotationen. Auffällig häufig werden Anleihen an christliche Traditionsbestände bemüht, um den Kern des Bildes zu erfassen: Michael Rohlmann versteht es als Darstellung des Prozesses, »wie durch die Revolution die Idee der Freiheit sich in Realität verwandelt«, und spricht dabei von einer »Inkarnation«; Jörg Traeger erfasst die Figur der Freiheit als eine Erscheinung, als sakral konnotierte »Epiphanie«; und Ralph Ubl bezeichnet das im Bildzentrum sich vollziehende »Allegorischwerden einer Barrikadenkämpferin« als »Moment der Transfiguration«.[12]

Sowohl die zeitgenössische Kunstkritik als auch die spätere kunsthistorische Forschung lassen den Anschein unmittelbarer Evidenz, der so oft mit Delacroix' Revolutionsbild verbunden wird, fraglich werden. Selbst wenn man zuversichtlich ist, mittels einer genauen Analyse und differenzierten Kontextualisierung des Gemäldes einen Teil der hier skizzierten Auffassungen zurückweisen zu können, muss sich der Eindruck verfestigen, dass Gehalt und Stoßrichtung des Bildes keineswegs unmissverständlich auf der Hand liegen. Den meisten Texten, die dem Gemälde gewidmet wurden, ist allerdings eine Erwartung gemeinsam. Sie unterstellen, dass mit dem Bild Position bezogen wird, genauer: dass es zur Revolution Stellung bezieht, wie auch immer der Umbruch, seine Akteure und seine Folgen konkret verstanden werden.

Was hiermit vorausgesetzt wird, könnte jedoch im Bild selbst zum Gegenstand des Nachdenkens geworden sein. Denn Anlage und Komposition des Bildes involvieren die Betrachter in eine Dynamik, die auch ihnen eine Positionierung abverlangt. Zumindest ist die von Delacroix eingerichtete Relation zwischen Bild und Rezipienten ungewöhnlich und nicht gerade selbsterklärend. Anders als in vielen Darstellungen vergleichbarer Szenen ist die eher niedrige Barrikade mehr oder weniger bildparallel vor den Betrachtern ausgebreitet, die zudem aus einer leichten Untersicht zum Geschehen hinaufschauen. Die voranstürmenden

Bildern. Festschrift Donat de Chapeaurouge. München 1990, S. 139-153, bes. S. 152 f.; Jack J. Spector: *Delacroix's ›Liberty on the Barricades‹ in 1815 and 1830*, in: Source. Notes in the History of Art 15 (1996), H. 3, S. 36-41; Michel Rohlmann: *Delacroix' ›Liberté‹. Die Erlösung der Bilder*, in: Wallraf-Richartz-Jahrbuch 70 (2009), S. 223-244, bes. S. 229 u. S. 231. – Die bonapartistischen Ausdeutungen wurden maßgeblich durch einen anekdotischen Bericht von Alexandre Dumas angeregt (s. unten).

12 Rohlmann: *Delacroix' ›Liberté‹*, S. 226; Traeger: *Die Epiphanie*; Ubl: *Delacroix' Figuration*, S. 142. – Ein Anklang an den Begriff der Inkarnation findet sich bereits bei Théophile Thoré: *Artistes contemporains. M. Eugène Delacroix (suite)*, in: Le siècle, 25.2.1837, S. 1-3, bes. S. 1: »la liberté incarnée dans une jeune fille«.

Revolutionäre stehen uns frontal gegenüber und bewegen sich direkt auf uns zu. Angesichts der Leichen, die uns am nächsten sind, ist diese Konstellation beunruhigend. Sie wirft die Frage auf, welcher Platz und welche Rolle uns zugewiesen wird. Stehen wir auf der anderen, der – so müsste man angesichts des Triumphs der Freiheit sagen – falschen Seite der Barrikade? Sind wir als unbeteiligte Beobachter eher zufällig ins Kampf- und Schussfeld geraten, so dass wir uns nun entscheiden müssen? Oder können wir im nächsten Moment zwei Schritte an die Seite treten und die Sturmspitze der Aufständischen vorüberziehen lassen?

In der Forschungsliteratur wird die Situation, in die das Bild seine Betrachter bringt, in der Regel nicht eingehend reflektiert. Die wenigen Ausnahmen verdienen umso mehr Aufmerksamkeit. So haben Wolfgang Kemp und Ralph Ubl hervorgehoben, dass die Betrachter unter erhöhtem Zeitdruck vor eine Entscheidung gestellt und zur Parteinahme gezwungen werden.[13] Die meisten Akteure im Bild scheinen das Publikum zwar zu ignorieren,[14] ihre Vorwärtsbewegung muss aber nichtsdestoweniger bedrohlich wirken, zumal ausgerechnet der Blick des Knaben mit den beiden Pistolen die Betrachterin oder den Betrachter zu treffen scheint. Da in der bildlichen Darstellung nur die Revolutionäre oder aber die Leichen ihrer Gegner sichtbar werden, sieht das Gemälde keinen Platz für unbeteiligte Beobachter vor.[15] Das Stimmengewirr der Kunstkritik und der kunsthistorischen Forschung könnte den daraus resultierenden Entscheidungsdruck widerspiegeln. Es zeugt davon, dass die Rezipienten das Bedürfnis haben, darum zu wissen, welche Position mit dem Bild bezogen wird und welche Wahl ihnen selbst nahegelegt werden soll.

13 Vgl. Wolfgang Kemp: *Der Anteil des Betrachters. Rezeptionsästhetische Studien zur Malerei des 19. Jahrhunderts*. München 1983, S. 53-55; sowie Ubl: *Delacroix' Figuration*, S. 143 u. S. 145; und Ralph Ubl: *Eugène Delacroix. Von der Freiheit zur ästhetischen Gemeinschaft*, in: Beate Fricke, Markus Klammer und Stefan Neuner (Hg.): *Bilder und Gemeinschaften. Studien zur Konvergenz von Politik und Ästhetik in Kunst, Literatur und Theorie*. München 2011, S. 273-311, bes. S. 277. Vgl. auch Peter Rautmann: *Eugène Delacroix*. München 1997, S. 127; Sébastien Allard und Côme Fabre: *Delacroix. L'art et la matière*, in: dies. (Hg.): *Delacroix* (Ausst.-Kat. Paris, Musée du Louvre). Paris 2018, S. 19-311, bes. S. 105.

14 Vgl. Sabine Slanina: *Vom Ereignisbild zum Bild-Ereignis. ›Die Freiheit führt das Volk auf die Barrikaden‹ von Eugène Delacroix*, in: Uwe Fleckner (Hg.): *Bilder machen Geschichte. Historische Ereignisse im Gedächtnis der Kunst*. Berlin 2014, S. 253-265, hier S. 264.

15 Vgl. Michael Marrinan: *Painting Politics for Louis-Philippe. Art and Ideology in Orléanist France, 1830-1848*. New Haven 1988, S. 70: »This aggressive picture [...] refuses to yield up space to a viewer/witness; rather, Delacroix' viewer runs the risk of becoming the next victim.«

Der Druck, der damit einhergeht, ist alles andere als angenehm. Er impliziert eine Spannung zwischen der revolutionären Freiheitsbewegung, die sich unnachgiebig und alternativlos gibt, und der individuellen Freiheit des Einzelnen. Soweit ich sehe, hat Hugh Honour erstmals in einer sehr kurzen Bemerkung angedeutet, dass dem Bild auf diese Weise ein Konflikt inhärent ist, den Benjamin Constant gut zehn Jahre vor der Julirevolution beschrieben hatte: der Gegensatz zwischen einem antiken Freiheitskonzept, das die politische Freiheit eines Gemeinwesens ins Zentrum stellt, und einer modernen Freiheitsauffassung, der es um individuelle Entscheidungs- und Bewegungsfreiheit geht. Delacroix, so erwägt Honour in aller Kürze, »war sich ebenso wie Benjamin Constant bewusst, wie der Einzelne politischen Ideen geopfert werden kann.«[16] Ausgerechnet die freiheitsliebende Revolution konnte mithin die Freiheit des Einzelnen bedrohen, wie auch ein zeitgenössischer Kritiker – ohne Rekurs auf Constant, aber vielleicht in Erinnerung an die *Terreur* von 1793/94 – feststellte, als er die zentrale Figur im Bild als eine Freiheit bezeichnete, »die tötet und umstürzt«.[17] Wir werden dieser Spur später nachgehen und dabei sehen, dass es in Delacroix' schriftlichen Äußerungen an unvermuteter Stelle Indizien gibt, die auf eine Kenntnis von Constants Überlegungen hindeuten.

Doch auch ohne eine Kenntnis der Ausführungen von Constant wirft das Bild die Frage auf, welche Form von Freiheit und wessen Freiheit eigentlich gemeint ist, wenn die *Liberté* das Volk führt. Schon der Bildtitel weist den skizzierten inneren Konflikt auf. Im *Livret* des Salons von 1831 wurde das Bild unter dem rein sachlich, gleichsam chronikalischen Titel »Le 28 juillet« annonciert; erläuternd wurde hinzugefügt: »La liberté guidant le peuple«[18] (Abb. 2). Diese Kopplung von *liberté* und *guider*, von Freiheit und Führung, birgt unvermeidlich eine fundamentale Spannung in sich: Wie soll für das Volk Freiheit erfahrbar werden, wenn es zugleich ihrer Führung folgen muss?

16 Hugh Honour: *Romanticism*. New York 1979, S. 235 f.: »[…] Delacroix […] was as well aware as Benjamin Constant of the way in which individuals can be sacrificed to political ideas.« – Vgl. Hadjinicolaou: *Die Freiheit*, S. 47; und Ubl: *Delacroix' Figuration*, S. 155-161.

17 [Anonym]: *Exposition de 1833. MM Delaroche et Delacroix*, in: La Quotidienne, Nr. 102, 12.4.1833, S. 1: »Delacroix, de cette même révolution, a pris le soleil, le Paris, la population, les barricades et les fusils; puis, devant tout cela, il a jeté une Liberté populaire, une Liberté qui tue et renverse, et il a dit voilá une philosophie d'histoire.«

18 *Explication des ouvrages de peinture, sculpture, gravure, lithographie et architecture des artistes vivans exposés au Musée royal.* Paris 1831, S. 39, Nr. 511.

III. Die Julirevolution und ihre Darstellung durch Delacroix

Die bisherige Annäherung an das Gemälde diente dem Zweck, es in einem guten Sinne fragwürdig werden zu lassen – zu einem Gegenstand des suchenden Nachdenkens statt zu einer vermeintlich evidenten Manifestation von Gedanken, die bereits vor einer genaueren Betrachtung klar zu sein scheinen. Es sind vor allem drei Bündel von Fragen, die dabei hervortreten:

1. Bezieht Delacroix' *Liberté* tatsächlich unzweideutig Position für (oder gegen) die Revolution sowie für eine bestimmte Sichtweise auf die Ereignisse des Juli 1830? Wie erklärt sich die Heterogenität, ja Widersprüchlichkeit der Einschätzungen, die sich in der zeitgenössischen Kritik ebenso wie in der späteren kunsthistorischen Forschung finden?
2. Welche Rolle weist das Bild seinen Betrachtern zu? Warum konfrontiert es uns frontal mit dem herannahenden Sturm der Revolutionäre? Drohen wir nicht gerade durch diese Konstellation unserer eigenen Freiheit beraubt zu werden?
3. Und schließlich: Welche Folgen ergeben sich für unseren Blick auf das Gemälde, wenn wir mit Gustave Planche davon ausgehen, dass es lange und eingehend betrachtet werden will? Wie lässt sich der scheinbare Widerspruch zwischen der Dynamik des dargestellten Moments und der potenziell langen Dauer der Rezeption begreifen?

Spätestens angesichts dieser Fragen ist es unausweichlich, das im Bild wiedergegebene Geschehen ins Gedächtnis zu rufen und vor allem das Gemälde selbst genauer in den Blick zu nehmen. Die Julirevolution markiert Höhepunkt und Ende eines Konfliktes um die reaktionäre Politik des französischen Königs Karl X. und seiner Kabinette. Vor allem mit der Einsetzung eines neuen Kabinetts unter Jules de Polignac im Sommer 1829 hatten sich die Spannungen zwischen der Regierung und der *Chambre des députés* verschärft. Karl X. hatte dabei nicht mehr vorrangig nach einem Ausgleich gesucht, sondern nach Wegen, wie er seine Politik auch gegen den Widerstand der Abgeordneten durchsetzen könnte. Nachdem der König im April 1829 zwei von der liberal dominierten Abgeordnetenkammer verabschiedete Gesetze hatte zurückziehen lassen, stand der Verdacht im Raum, dass er die Absicht verfolge, ohne die in der *Charte constitutionnelle* von 1814 vorgesehene Zusammenarbeit mit der *Chambre des députés* zu regieren. Am 18. März 1830 richtete die Mehrheit der Abgeordneten ein Gesuch an den König, das ein grundlegendes Misstrauen gegen die Regierung de Polignacs artikulierte. Begründet wurde dieser ungewöhnliche Schritt damit, dass man durch das Agieren der königlichen Minister die »libertés«, die Rechte und Freiheiten des Volkes, bedroht sah.[1] Karl X. antwortete auf dieses Schreiben mit der Auflösung der *Chambre des députés* und Neuwahlen, die allerdings nicht die von ihm erhoffte royalistische Mehrheit brachten, sondern die liberale Opposition abermals stärkten. Unter Berufung auf Artikel 14 der *Charte constitutionnelle* erließ der König am 25. Juli 1830 ohne jede Beteiligung der Abgeordnetenkammer vier Ordonanzen, darunter eine erhebliche Einschränkung der Pressefreiheit, die neuerliche Auflösung der gerade erst gewählten *Chambre des députés* und Änderungen am Wahlrecht, die bedeutende Wählerschichten von der nächsten Wahl ausgeschlossen hätten. Vertreter wichtiger Zeitungen widersetzten sich den neuen Vorgaben mit einem am 26. Juli verfassten, tags darauf publizierten Protestschreiben und brandmarkten die Ordonanzen als scharfen Verstoß gegen die in der *Charte* festgelegte Verfassungsordnung. Nach ersten öffentlichen Zusammenkünften und Demonstrationen entwickelte sich der Protest gegen die Regierung des Königs am 27. Juli zu einem offenen, gewaltsamen Aufstand, der von Arbeitern, darunter den von der Einschränkung der Pressefreiheit besonders betroffenen Druckern, sowie von Handwerkern getragen wurde. Der Konflikt um die Wahrung der Verfassung vermischte sich dabei zunehmend mit sozialen Protesten. Am 28. Juli verstärkte sich der Widerstand der inzwischen vermehrt bewaffneten Arbeiter, Handwerker, Studenten und ehemaligen Nationalgardisten. Nicht zuletzt aufgrund der zahlreichen spontan errichteten Barrikaden scheiterten die königstreuen Truppen bei ihren Versuchen, die Proteste niederzuschlagen und die Kontrolle über die Stadt zu erringen. Teile des Militärs flohen schließlich oder liefen zu den Revolutionären über, die am 28. und 29. Juli zentrale Gebäude wie das Hôtel de Ville, den Louvre und die Tuilerien besetzen konnten. Der Versuch des Königs, durch eine Aufhebung der Ordonanzen einzulenken, kam zu spät. Im Hintergrund hatte bereits eine Gruppe von Abgeordneten und Journalisten um den Bankier und Politiker Jacques Laffitte sondiert, wie die konstitutionelle Monar-

1 *Adresse présentée au Roi, le 18 Mars 1830, par la Chambre des Députés*, in: Jérôme Mavidal und Émile Laurent (Hg.): *Archives parlementaires de 1787 à 1860. Recueil complet des débats législatifs et politiques des Chambres françaises. Deuxième série (1800 à 1860)*, Bd. 61: *1829-1830*. Paris 1886, S. 617-619, hier S. 618.

chie erhalten werden könnte, wenn sich Louis-Philippe, duc d'Orléans, aus einer Nebenlinie der Bourbonen für die Krone gewinnen ließe. Der Herzog von Orléans konnte als idealer Kompromisskandidat gelten, da er als Mitglied der Dynastie überzeugend für den Fortbestand der Monarchie stand, zugleich aber – u. a. in den 1790er Jahren als Offizier in der Revolutionsarmee – gezeigt hatte, dass er für liberale, konstitutionelle Ideen eintrat. Nachdem Karl X. am 2. August abgedankt hatte, erfolgte am 9. August die Proklamation und Krönung des neuen Königs (nun unter dem Titel *Roi des Français*) – wobei Louis-Philippe vor beiden Kammern des Parlaments einen Eid auf die modifizierte *Charte constitutionnelle* ablegte.

Dieser kurze, unvollständige Abriss der *Trois Glorieuses* lässt ahnen, auf wie vielen unterschiedlichen Ebenen der Freiheitsbegriff betroffen und umkämpft war. Mit bestimmten Ordonanzen standen spezifische Freiheitsrechte, namentlich die Pressefreiheit und das Wahlrecht, zur Disposition. Mit dem Verfassungsbruch, den die Gegner von Karl X. in seiner Missachtung der *Chambre de députés* sahen, war aber zugleich die politische Freiheit im umfassenderen Sinne einer Beteiligung des Volkes an politischen Entscheidungen bedroht. In der Dynamik der Revolutionstage wurden diese verschiedenartigen Freiheiten in einem eher vagen, aber umso emphatischeren Begriff der *liberté* vereint. Geradezu ubiquitär findet sich in zeitgenössischen Berichten neben der Parole »Vive la charte!« auch der Schlachtruf »Vive la liberté!«;[2] und der General La Fayette (eigentlich Marie-Joseph Motier, Marquis de La Fayette) beschloss als Befehlshaber der Nationalgarde am 29. Juli eine öffentliche Bekanntmachung mit den Worten »Vive la liberté! Vive la patrie!«[3] Während noch das Gesuch der Abgeordnetenkammer vom 18. März 1830 die »libertés«, also eine Vielzahl von Freiheitsrechten, in Gefahr gesehen hatte, war nun allenthalben von der Freiheit im Singular die Rede.

Delacroix' Gemälde suggeriert zwar mit dem im Salon-*Livret* dokumentierten Titel »Le 28 juillet« einen hohen Grad historischer Konkretheit, doch erweist es sich bei näherem Hinsehen als unmöglich, einen bestimmten Zeitpunkt und eine präzise Lokalisierung des dargestellten Geschehens auszumachen. Der Titel und der erläuternde Zusatz »La

2 Vgl. zum Beispiel M. C.: *Journées des 27, 28 et 29 juillet 1830: ou, la Liberté recouvrée par la nation française, précédées d'un précis historique depuis le retour des Bourbons en France*. Paris 1830, S. 62, S. 65 u. S. 107.

3 *Documens officiels. Révolution française de juillet 1830*, in: Revue des deux mondes 3 (Juli 1830), S. 131-161, hier S. 155; vgl. auch Bernard Alexis Sarrans: *La Fayette et la révolution de 1830. Histoire des choses et des hommes de juillet*, Bd. 1. Paris 1832, S. 240.

liberté guidant le peuple« sind mit sehr hoher Wahrscheinlichkeit auf den Maler selbst zurückzuführen oder müssen mindestens auf seine Zustimmung gestoßen sein.[4] Denn bei der Einlieferung von Werken zum Salon teilten die Künstler auch Angaben zu ihrer Person und zum Thema des Bildes mit. Bereits 1796 bat man angesichts der kaum mehr überschaubaren Zahl von Exponaten mit bisweilen voraussetzungsreichen Sujets ausdrücklich darum, zu den Kunstwerken fortan auch weiterführende Informationen einzureichen, die bei der Redaktion des *Livret* berücksichtigt werden konnten.[5] Delacroix war mit diesem Vorgehen bestens vertraut; nicht wenige seiner Bilder sind in den *Livrets* zu den Salons der 1820er Jahre und des Jahres 1831 mit Erläuterungen versehen, die ohne seine Autorschaft oder Beteiligung nicht denkbar sind.[6] Er dürfte auch darum gewusst haben, wie die Bezeichnung und Beschreibung im *Livret* zur Wirkung eines Bildes beitragen konnten.

Mit Delacroix' Titelformulierung für das Revolutionsbild scheint sich zunächst ein Versprechen auf Konkretion zu verbinden, das sich jedoch kaum einlösen lässt. Bisher konnte die Forschung kein spezifisches Ereignis des 28. Juli namhaft machen, das im Gemälde dargestellt sein

4 David Bellos hat Zweifel daran geäußert, dass die Formulierung des Titels auf Delacroix selbst zurückgeht. Er verweist u.a. darauf, dass der Maler vor der Präsentation im Salon das Bild als »une barricade« bezeichnete und später gelegentlich verkürzend auf »La liberté« rekurrierte; vgl. David Bellos: *In the Mind's Eye. The Meanings of ›Liberty Guiding the People‹*, in: Mike Freeman u.a. (Hg.): *The Process of Art. Essays on Nineteenth-Century French Literature, Music, and Painting in Honour of Alan Raitt.* Oxford 1998, S. 11-24, hier S. 12-15. Meines Erachtens sprechen diese Befunde nicht dagegen, dass Delacroix der Autor des offiziellen Bildtitels gewesen ist. Das zuvor von ihm verwendete Wort »barricade« muss nicht zwangsläufig als alternativer Bildtitel, sondern kann als verknappte Benennung des Themas vor der eigentlichen Betitelung des Bildes verstanden werden. Auffällig ist, dass Delacroix am 18. Januar 1836 in einem Brief an Théophile Thoré, in dem er über seine bisherigen Salonbeteiligungen berichtet, den vollen Titel »Le 28 juillet, la Liberté guidant le peuple« unverändert wiedergibt und durch eine Erläuterung bestärkt: »tableau allégorique sur les événements de juillet«; vgl. André Joubin (Hg.): *Correspondance générale d'Eugène Delacroix*, 5 Bde. Paris 1935-1938, Bd. 1, S. 408.

5 Vgl. Ruth Yeazell: *Picture Titles. How and Why Western Paintings Acquired Their Names.* Princeton 2015, S. 48 f.

6 Die Delacroix-Forschung geht z.B. davon aus, dass die ungewöhnlich lange Erläuterung zum *Tod des Sardanapal* im *Livret* des Salons 1827 auf Delacroix selbst zurückgeht; vgl. etwa Beatrice Farwell: *Sources for Delacroix's Death of Sardanapalus*, in: Art Bulletin 40 (1958), S. 66-71, bes. S. 68; und Christine Tauber: *Ästhetischer Despotismus. Eugène Delacroix' ›Tod des Sardanapal‹ als Künstlerchiffre.* Konstanz 2006, S. 13.

könnte. Vergleichbare Szenen auf Barrikaden haben sich an den drei Tagen vom 27. bis 29. Juli vielerorts abgespielt. Allenfalls das mit dem bloßen Auge kaum erkennbare Hissen der Trikolore auf einem der Türme von Notre-Dame lässt sich als Hinweis auf den 28. Juli auffassen, da viele Berichte über die Revolution eigens vermerken, dass seit dem Morgen dieses Tages auf der Kathedrale die Fahne für die Aufständischen zu sehen war und als ermutigendes Zeichen verstanden wurde.[7] Ähnlich unbestimmt, ja unbestimmbar bleibt der Ort des Geschehens. Auch hier bieten die Türme von Notre-Dame und die davor angedeutete Bebauung die einzigen, vagen Hinweise, die allerdings zu keiner befriedigenden Antwort führen. Alle Versuche, einen Standort zu ermitteln, von dem aus die Kathedrale auf diese Weise zu sehen war, konnten nicht überzeugen.[8] Gegen solche Vorschläge hat Hélène Toussaint den überzeugenden Einwand vorgebracht, dass Notre-Dame, aus südlicher Richtung betrachtet, nicht von Wohngebäuden gesäumt war.[9] Darüber hinaus wäre ohnehin ein Blick zur Kathedrale aus so weiter Distanz von einer Fülle weiterer Gebäude in der Nähe des imaginierten Betrachterstandpunktes verstellt gewesen.[10]

Zwei Zeichnungen, die Delacroix auf der Vorder- und Rückseite eines Blattes angefertigt hat und die zwar nicht identische, aber ähnliche Häu-

7 Vgl. etwa Jean François Casimir Delavigne: *Événemens de Paris, des 26, 27, 28 et 29 juillet 1830, et jours suivans*, 2. Auflage. Brüssel 1830, S. 25: »Dès le matin la population entière de Paris était en mouvement; des détachemens des faubourgs Saint-Antoine et Saint-Marceau s'étaient mis en route. Des citoyens armés occupaient l'Hôtel-de-Ville; d'autres s'étaient emparés des tours de Notre-Dame, y avaient arboré le drapeau tricolore et sonnaient le tocsin.« Vgl. ferner M. C.: *Journées des 27, 28 et 29 juillet 1830: ou, la Liberté recouvrée par la nation française, précédées d'un précis historique depuis le retour des Bourbons en France*. Paris 1830, S. 69: »Ainsi se passait la mémorable journée du 28 Juillet. La vue du drapeau tricolore, flottant depuis le matin sur la principale tour de Notre-Dame, soutenait le courage des citoyens […].«

8 Vgl. etwa die Vorschläge von Heinz Lüdecke: *Eugène Delacroix und die Pariser Julirevolution*. Berlin 1965, S. 12; oder Albert Boime: *Art in an Age of Counterrevolution 1815-1848*. Chicago 2004, S. 239 f.

9 Vgl. Toussaint: *La liberté*, S. 51: »En effet, en 1830, la cathédrale ne peut être vue, sous cet angle, d'aucun endroit. Les édicules des sorties d'escalier surmontant les tours sont construits à l'aplomb de la façade. Ils apparaissent ici de droite à gauche, en conséquence, la nef invisible s'étend vers la droite, et le spectateur est placé sur la rive gauche de la Seine. De ce coté, Notre-Dame longe le fleuve sans l'intermédiaire des maisons figurées ici […].« Für weitere Erwägungen zu anderen Betrachterstandorten, die sich ebenfalls als unplausibel erweisen, vgl. Johnson: *The Paintings*, Bd. 1, S. 151, Anm. 5.

10 Vgl. Hadjinicolaou: *Die Freiheit*, S. 132.

serzeilen zeigen (Abb. 3-4), helfen ebenfalls nicht bei der Lokalisierung der Szene im Gemälde. Denn zum einen ist umstritten, ob die Zeichnungen überhaupt auf das Jahr 1830 zu datieren sind, und zum anderen kombinieren sie offenkundig bauliche Abbreviaturen aus verschiedenen Teilen der Stadt.[11] Eine Verbindung von Kathedraltürmen und Häusern, die der Konstellation im Gemälde auffällig ähnlich ist, findet sich indes an unerwarteter und meines Wissens bislang übersehener Stelle: am Rande einer Lithographie, die Hippolyte Bellangé den Revolutionsereignissen gewidmet hatte (Abb. 5). Bellangé stellt desgleichen das Geschehen auf einer Barrikade dar, und auch er eröffnet am rechten Bildrand eine Fernsicht auf eine typische, mit zahlreichen Schornsteinen gekrönte Häuserzeile, die von den beiden Türmen von Notre-Dame überragt wird. Was Bellangés Druckgraphik besonders nah an das Gemälde von Delacroix heranrückt, ist das signifikante Detail, das auf einem der Türme die Trikolore zu sehen ist. In der Bibliothèque nationale ist der Eingang des Pflichtexemplars von Bellangés Lithographie für den 16. September vermerkt;[12] das Blatt erschien mithin zu einem Zeitpunkt, als Delacroix wohl gerade erst mit den Überlegungen zu seinem Gemälde begann.

Zwei weitere Indizien stützen die Vermutung, dass sich der Maler durch Bellangés Druckgraphik anregen ließ. Zum einen könnten sich auf diese Weise vier dunkle vertikale Linien erklären, die im Gemälde schattenhaft in dem rötlich-grau vernebelten Himmel rechts von den beiden Türmen durchschlagen (Abb. 6).[13] Möglicherweise handelt es sich um Spuren einer Untermalung, mit der Delacroix die Kathedraltürme – ganz im Sinne ihrer Darstellung bei Bellangé – zunächst weiter rechts und mit etwas größerem Abstand zueinander ins Bild bringen wollte. Erst im weiteren Verlauf der Ausarbeitung des Gemäldes scheint Notre-Dame dann mehr ins Bildfeld gerückt worden zu sein. Mit dem Seitenblick auf Bellangés Blatt lässt sich zum anderen aber auch ein vermeintlicher Fehler in den Registern des Salons von 1831 etwas besser erklären.

11 Vgl. Toussaint: *La liberté*, S. 34f. (zur Identifikation einzelner Bauten sowie mit einem Plädoyer für eine Datierung nach 1857); sowie Sérullaz/Pomarède: *Eugène Delacroix. La liberté*, S. 37 u. S. 69, Anm. 44 (mit Zweifeln an einer späten Datierung). – Die Zeichnung auf der Rückseite bietet eine Invertierung der oberen Häuserzeile auf der Vorderseite.

12 Vgl. den Eintrag im Katalog der Bibliothèque nationale. URL: http://ark.bnf.fr/ark:/12148/cb415174621 (letzter Zugriff: 17. Dezember 2022).

13 Zu diesen rätselhaften Strichen vgl. auch Toussaint: *La liberté*, S. 38, die erwägt, dass Delacroix zunächst eine Darstellung des Hôtel de Ville geplant haben könnte. – Siehe unten Kap. XIV. Postscriptum, S. 105.

Denn in der handschriftlichen Liste, in der die zum Salon eingelieferten Gemälde aufgeführt wurden (Abb. 7), ist unter Nr. 1380 als Titel festgehalten: »1 Tableau la liberté guid[ant?] le peuple au 29 Juillet«.[14] Die Nennung des 29. Juli ist insofern bemerkenswert, als Bellangé seine Darstellung des Barrikadenbaus in der Beschriftung der Lithographie ebenfalls als Geschehen vom 29. Juli bezeichnet hatte, obwohl die Szene selbst eher an den 28. Juli denken lässt. Es ist vorstellbar, dass Delacroix von der Druckgraphik Bellangés nicht nur den Blick auf Notre-Dame und die Häuser, sondern auch die Datierung auf den 29. Juli übernahm. Sofern dem Schreiber des Salons nicht bloß ein Fehler unterlaufen ist, könnte der Eintrag darauf hindeuten, dass der Maler den Titel erst nach der Einreichung des Bildes modifizierte, um das dargestellte Geschehen nun auf den 28. Juli zu datieren. Einen Anlass dazu könnten die in den Monaten nach der Julirevolution erschienenen Berichte geboten haben, in denen Delacroix u. a. lesen konnte, dass bereits am zweiten Tag der *Trois Glorieuses* die Trikolore auf einem der Türme von Notre-Dame zu sehen war.

Die skizzierten Beobachtungen und Überlegungen bestätigen nochmals, was sich schon zuvor abzeichnete: Delacroix' Bild stellt – anders als der Titel zunächst vermuten lässt – keine konkrete, historisch verbürgte Szene vor Augen. Es geht nicht darin auf, einen Augenblick nochmals zu vergegenwärtigen. In dem so momenthaft erscheinenden Barrikadensturm verdichten sich Eindrücke, die Beteiligte und Beobachter vielerorts hatten gewinnen können und über die in zahlreichen Zeitungen berichtet worden war. Statt einen einzelnen Moment aus den ereignisreichen Revolutionstagen herauszugreifen, zeigt das Bild die Revolution selbst.

14 Archives nationales de France (Pierrefitte-sur-Seine), Signatur: 20150431/27: Archives des musées nationaux, Registres des Salons (*KK), Registre des ouvrages 1831, S. 41. URL: https://www.siv.archives-nationales.culture.gouv.fr/siv/media/FRAN_IR_054675/c-67lu7mq2q--ukf0olg67z4t/Cote_KK_26_2_Mi_139_00041 (letzter Zugriff: 17. Dezember 2022). – Vgl. auch Lee Johnson: *Eugène Delacroix et les Salons. Documents inédits au Louvre*, in: Revue du Louvre et des musées de France 16 (1966), H. 4/5, S. 217-230, bes. S. 220; und Toussaint: *La liberté*, S. 45.

IV. Soziale Typen und eine ›allégorie réelle‹

Delacroix' Gemälde stellt die Freiheit unmissverständlich ins Zentrum, es lässt aber offen, welche und wessen Freiheit verteidigt oder erkämpft wird. Das vollendete Bild führt den Kampf selbst, nicht aber dessen Hintergrunde und Motive vor Augen. Bildbeherrschend ist folgerichtig eine Barrikade, hinter und auf der eine große Menge von Aufständischen heranstürmt. Dass hier bereits erbittert gekämpft worden ist, wird an den im Vordergrund liegenden Leichen deutlich, hinter denen die eigentliche, aus Steinen und Holzbalken improvisierte Barrikade zurücktritt. Schwaden von Brandrauch, Pulverdampf oder Nebel trüben die Sicht nach hinten hin stark ein.

Kulminations- und Gravitationspunkt der Komposition ist eine Frau, die mit der Trikolore in der Rechten und einem Gewehr mit aufgepflanztem Bajonett in der Linken energische Schritte nach vorn zu machen scheint und sich zugleich zu den ihr nachfolgenden Aufständischen zurückwendet (Abb. 8). Zu ihrer Linken, d.h. von uns aus betrachtet rechts, ist ihr ein Junge um einen Schritt voraus.[1] Er hat sich mit zwei Pistolen und einer Pulvertasche bewaffnet; sein Blick ist nach vorn gerichtet und könnte direkt die Betrachterin oder den Betrachter visieren. Außerdem ziehen einzelne, individuell charakterisierte Figuren (Abb. 9)[2] die Aufmerksamkeit auf sich: der einen Zylinder tragende Mann mit doppelläufigem Jagdgewehr,[3] dessen weite Hose ihn nicht als Bürger,

1 Jörg Traeger hat diesen Umstand ins Zentrum seiner voraussetzungsreichen und m.E. nicht durchweg überzeugenden Bildinterpretation gestellt; vgl. Traeger: *Die Epiphanie*, bes. S. 149-153; und ders.: *L'épiphanie de la Liberté. La Révolution vue par Eugène Delacroix*, in: Revue de l'art 98 (1992), S. 9-28, bes. S. 20. Vgl. auch Isabella Woldt: *Freiheit*, in: Uwe Fleckner, Martin Warnke und Hendrik Ziegler (Hg.): *Handbuch der politischen Ikonographie*, 2. Auflage. München 2011, Bd. 1, S. 372-380, bes. S. 376.

2 Für die Charakterisierung und Identifikation der ›Typen‹, Bekleidungen und Accessoires vgl. u.a. Toussaint: *La liberté*, S. 43-52; Sérullaz/Pomarède: *Eugène Delacroix. La liberté*, S. 48-50; Matthias Eberle: *Im Spiegel der Geschichte. Realistische Historienmalerei in Westeuropa 1830-1900*. München 2017, S. 27-29.

3 Für verschiedene Vorschläge zur Identifikation des Hutes vgl. Léon Chardin: *Retour à Eugène Delacroix*, in: L'Artiste 1864, Bd. 2, S. 147-150, hier S. 149 (*chapeau sur l'oreille*); Boime: *Art in an Age of Counterrevolution*, S. 243 f.; Eberle: *Im Spiegel der Geschichte*, S. 27. – Toussaint (*La liberté*, S. 49) sowie Sérullaz und Pomarède (*Eugène Delacroix. La liberté*, S. 48) sprechen von einem »chapeau haut de forme«, also einem Zylinder mit steifer Krempe. Zur umstrittenen Identifikation dieser Figur vgl. auch Hadjinicolaou: *Die Freiheit*, S. 128-132.

sondern eher als Handwerker oder Vorarbeiter ausweist;[4] dann, leicht versetzt hinter ihm, ein Mann mit Schiebermütze, Schurz, Pistole in einer Tasche und einem Säbel in der rechten Hand, wie ihn Eliteinfanteristen trugen;[5] ferner, direkt davor, eher kriechend als stehend, ein besessen blickender Jüngling mit einer Stichwaffe in der Hand und einer Uniform-Kappe (wohl einem *Bonnet de police* eines Voltigeurs der 1827 aufgelösten Nationalgarde) auf dem Kopf.[6] Auch in der Menge im Hintergrund treten einzelne Hüte – etwa ein Zweispitz, der in der Regel den Studenten der École polytechnique zugeordnet wird,[7] – oder Waffen hervor, die deutlich werden lassen, wie bunt zusammengewürfelt die Schar der Aufständischen ist. Selbst die Leichen rechts im Vordergrund (Abb. 10) weisen noch Indizien auf, die eine Identifizierung erlauben. Ganz rechts, vom Bildrand abgeschnitten und auf dem Bauch liegend, ist ein Kürassier der Garde royale zu sehen, leicht darüber, mit dem Rücken auf dem Boden und mit den Füßen zu uns hingestreckt, ein weiterer Soldat, wohl ebenfalls der Garde royale.[8] Was sich bei diesem Soldaten andeutet, wird bei der Leiche links im Vordergrund evident: Delacroix zeigt unverbrämt, dass die Gefallenen regelrecht geplündert und nicht nur um Waffen, sondern auch um Kleidungsstücke und Schuhe beraubt wurden. Auf diese Weise hat der linke Leichnam alle Attribute verloren, die es erlauben würden, ihn dem Lager der Revolutionäre oder den königlichen Truppen zuzuordnen.

Sowohl in der frühen Rezeption als auch in der späteren kunsthistorischen Forschung wurde verschiedentlich versucht, einzelne Figuren zu

4 Vgl. Toussaint: *La liberté*, S. 44. – Verbreitet ist die Deutung des Zylinders als Accessoire eines Bourgeois oder gar eines Dandys; vgl. z. B. Roy Howard Brown: *The Formation of Delacroix's Hero Between 1822 and 1831*, in: Art Bulletin 66 (1984), S. 237-254, bes. S. 249 f. Eine solche Mutmaßung ignoriert allerdings die Erscheinungsform von Hose und Gürtel, die ins Arbeitermilieu weisen. Bellos (*In the Mind's Eye*, S. 20 f.) merkt an, dass die Figur in der zeitgenössischen Kunstkritik durchweg als Arbeiter identifiziert worden sei.

5 Vgl. Sérullaz/Pomarède: *Eugène Delacroix. La liberté*, S. 48; Eberle: *Im Spiegel der Geschichte*, S. 27.

6 Vgl. Toussaint: *La liberté*, S. 47: Die Nationalgarde war von Karl X. aufgelöst worden, da er in ihr einen Hort von Oppositionellen vermutete.

7 Vgl. u. a. Toussaint: *La liberté*, S. 43; Ubl: *Delacroix' Figuration*, S. 145; Eberle: *Im Spiegel der Geschichte*, S. 28.

8 In der Forschungsliteratur ist die Identifizierung dieses Soldaten mit einem Voltigeur der königlichen Schweizergarde verbreitet; vgl. etwa Toussaint: *La liberté*, S. 51; Marrinan (*Painting Politics*, S. 71 u. S. 241 f., Anm. 264) hat dagegen Einwände geltend gemacht, die mir mit Blick auf zeitgenössische Darstellungen von französischen Uniformen gerechtfertigt erscheinen.

identifizieren und mit konkreten, historisch verbürgten Persönlichkeiten in Verbindung zu bringen. Das gilt verständlicherweise für die Figur im Bildzentrum, in der man eine Frau, Anne-Charlotte D., wiederzuerkennen meinte, von der berichtet worden war, dass sie den Tod ihres Bruders durch Tötung von neun Soldaten zu rächen versucht habe.[9] Alternativ wurde erwogen, dass es sich um Marie Deschamps handele, die mit einer erbeuteten Waffe in die Kampfhandlungen eingegriffen haben soll.[10] Allerdings weicht Delacroix' Darstellung zu sehr von den geschilderten Situationen ab. Er dürfte sich mithin eher allgemein auf Berichte über kämpfende Frauen bezogen haben, so wie er vermutlich Erzählungen über einen Jungen kannte, der auf dem später nach ihm benannten Pont d'Arcole einen Sturm auf königliche Truppen angeführt und dabei – laut einigen Berichten – eine Trikolore getragen haben soll.[11] Versuche einer Identifizierung hat es auch für den Knaben gegeben, der bedrohlich mit den beiden Pistolen hantiert. Derartige Überlegungen gingen sogar so weit, in dem Zylinderträger Delacroix selbst erkennen zu wollen – was sich physiognomisch keineswegs aufdrängt und auch aufgrund des mehrfach belegten Umstands, dass sich der Maler nicht an den Kämpfen beteiligt hatte, äußerst unwahrscheinlich ist.[12]

Plausibler ist indes der Vorschlag, dass Delacroix bei der Arbeit an seinem Gemälde von zeitgenössischen dichterischen Verarbeitungen der

9 Vgl. Marcia Pointon: *Liberty on the Barricades. Woman, Politics, and Sexuality in Delacroix*, in: dies.: *Naked Authority. The Body in Western Painting, 1830-1908.* Cambridge 1990, S. 59-82, bes. S. 64; Sérullaz/Pomarède: *Eugène Delacroix. La liberté*, S. 14, S. 42 u. S. 69, Anm. 48.

10 Vgl. etwa George Heard Hamilton: *The Iconographical Origins of Delacroix's ›Liberty Leading the People‹*, in: Dorothy Miner (Hg.): *Studies in Art and Literature for Belle da Costa Greene.* Princeton 1954, S. 55-66, bes. S. 62. Vgl. auch Clark: *Der absolute Bourgeois*, S. 23 u. S. 25; sowie Eric Hobsbawm: *Sexe, symboles, vêtements et socialisme*, in: Actes de la recherche en sciences sociales 23 (1978), S. 2-18, bes. S. 4f. Einwände dagegen formulierte Maurice Agulhon: *Propos sur l'allégorie politique. En réponse à Eric Hobsbawm*, in: Actes de la recherche en sciences sociales 28 (1979), S. 27-32, bes. S. 27f.

11 Zu diesen Berichten vgl. Hamilton: *The Iconographical Origins*, S. 61f. – Eine Zeichnung im Fogg Art Museum (Inv.-Nr. 1943.816), die diese Szene zeigt, wurde in der älteren Forschungsliteratur Delacroix zugeschrieben und daher bisweilen als Ausgangspunkt für seine Überlegungen zum Gemälde *Le 28 juillet* gesehen. Die Zeichnung gilt heute als Arbeit von Auguste Raffet; vgl. Agnes Mongan: *David to Corot. French Drawings in the Fogg Art Museum.* Cambridge (MA) 1996, S. 276f., Kat.-Nr. 306.

12 Für einen Überblick über die Diskussion zur Identifizierung dieser Figur vgl. Hadjinicolaou: *Die Freiheit*, S. 128-132.

Julirevolution angeregt wurde. Namentlich ein Gedicht von Auguste Barbier, *La curée*, weist in der sehr handfesten, ungeschönten Charakterisierung der personifizierten *Liberté* Analogien zu Delacroix' Bild auf.[13] Das Gedicht zielte darauf, die einfachen Arbeiter und Handwerker als heroische Akteure zu würdigen, die im Gegensatz zu den Bourgeois und den »héros du boulevard de Gand«,[14] den Dandys und Gecken, nicht ängstlich in ihren Wohnungen verblieben seien, um hinter dem Vorhang versteckt die Ereignisse auf den Straßen zu beobachten.

Als Delacroix die Barrikade derart mit sehr verschiedenen Akteuren bevölkerte, dürfte er also nicht bestimmte Individuen, sondern soziale Typen im Sinn gehabt haben. In das Revolutionsjahr fallen auch – darauf hat Ralph Ubl hingewiesen – die Anfänge der journalistischen Gattung der *physiologies*, einer oft bebilderten Textform, die auf unterhaltsame Weise die stark ausdifferenzierte, facettenreiche Bevölkerung von Paris erfasste, ordnete und karikierte.[15] Mit Verfahrensweisen und Darstellungsformen, die an naturkundliche Beschreibungen erinnern, spitzten die Physiologien eine in der Presse bereits zuvor geübte Praxis zu, die Vielfalt der Individuen in der urbanen Gesellschaft nach klischeehaften sozialen Typen zu strukturieren. Die Figuren in Delacroix' *Liberté* scheinen sich tatsächlich am besten als solche exemplarische Charaktere erfassen zu lassen: Der vorlaute Gassenjunge, die resolute, wenig auf Äußerlichkeiten bedachte Frau aus der Vorstadt, ein Handwerker und ein Arbeiter wären demnach im Vordergrund des Bildes versammelt.

13 Auguste Barbier: *La curée*, in: ders.: *Iambes et poèmes*. Paris 1841, S. 13-20, hier S. 15: »C'est que la liberté n'est pas une comtesse | Du noble faubourg Saint-Germain, | […] C'est une forte femme aux puissantes mamelles, | À la voix rauque, aux durs appas, […].« – In der Delacroix-Literatur ist der Hinweis auf Barbiers Gedicht ubiquitär, vgl. etwa Günter Busch: *Eugène Delacroix. Die Freiheit auf den Barrikaden*. Stuttgart 1960, S. 11 f.; und Hadjinicolaou: *Die Freiheit*, S. 56. Daneben wird häufig Casimir Delavignes *Une semaine à Paris* angeführt. Für dieses und ein weiteres Revolutionsgedicht, das für Delacroix von Interesse gewesen sein könnte, vgl. Boime: *Art in an Age of Counterrevolution*, S. 254 f.

14 Barbier: *La curée*, S. 14.

15 Vgl. Ubl: *Delacroix' Figuration*, S. 146; ferner Sérullaz/Pomarède: *Eugène Delacroix. La liberté*, S. 50. – Allgemein zu den Physiologien: Karlheinz Stierle: *Der Mythos von Paris. Zeichen und Bewusstsein der Stadt*. München 1993, S. 276-278. Den Höhepunkt ihrer kurzen Konjunktur erlebten die Physiologien erst um 1840; vgl. Nathalie Preiss: *Les Physiologies en France au XIXe siècle. Étude historique littéraire et stylistique*. Mont-de-Marsan 1999; sowie Valérie Stiénon: *La littérature des Physiologies. Sociopoétique d'un genre panoramique (1830-1845)*. Paris 2012.

Einen Sonderfall stellt dabei die Frau im Zentrum des Bildes dar. Bereits die ersten Reaktionen der zeitgenössischen Salonbesucher und Kunstkritiker sind Ausweis der Ambivalenz, die diese Figur auszeichnet. Einerseits wurde sie vielfach als allzu ungeschönt, grob, ungepflegt und schmutzig kritisiert;[16] andererseits war nicht zuletzt aufgrund des Bildtitels unstrittig, dass hier nicht irgendein Individuum, sondern die Freiheit selbst dargestellt wird. Durch die rote phrygische Mütze, ein seit der Französischen Revolution verbreitetes Freiheitssymbol,[17] durch die Wendung des Gesichts ins strenge Profil und durch die zentrale Stellung in der Komposition tritt der überindividuelle Charakter der Figur hervor. Er lädt dazu ein, sie als eine Allegorie zu verstehen, zumal neben der Mütze weitere Charakteristika an vertraute Darstellungen der Freiheit anknüpften.[18] Delacroix arbeitete mit seiner *Liberté* an einem Figurenkonzept, das mit einem später von Gustave Courbet geprägten, paradox anmutenden Begriff als *allégorie réelle* bezeichnet werden kann.[19] Die Frau im Zentrum des Gemäldes ist in ihren individualisierten, ungeschönten Zügen problemlos als eine der vielen Aufständischen denkbar; zugleich aber ist auch unverkennbar, dass sie für mehr steht: für die Freiheit und damit für eine der Leitideen der Julirevolution. Eine in ihrer Funktion, aber auch in ihrer konkreten Erscheinungsweise vergleichbare, ja vorbildliche Figur hatte Delacroix 1826 mit seinem Bild *Griechenland auf den Ruinen von Missolunghi* (Abb. 11) entworfen.[20] Auch hier stellt die junge Frau, die verzweifelt vor Ruinen und Leichen-

16 Für eine Auswahl entsprechender Stimmen vgl. Hadjinicolaou: *Die Freiheit*, S. 72-78; und Sérullaz/Pomarède: *Eugène Delacroix. La liberté*, S. 52.

17 Die heute in einem gebrochenen Rot erscheinende Mütze wies ursprünglich wohl ein leuchtendes Rot auf; vgl. Lola Faillant-Dumas und Jean-Paul Rioux: *Étude au Laboratoire de recherche des musées de France*, in: Toussaint: *La liberté*, S. 69-72, bes. S. 72; ferner Bellos: *In the Mind's Eye*, S. 18-20. – Zur phrygischen Mütze allgemein vgl. Richard Wrigley: *Transformations of a Revolutionary Emblem. The Liberty Cap in the French Revolution*, in: French History 11 (1997), S. 131-169.

18 Zur Herausbildung und Entwicklung der polysemen Ikonographie von *Liberté*, *République* und *Marianne* vgl. Maurice Agulhon: *Marianne au combat. L'imagerie et la symbolique républicaines de 1789 à 1880*. Paris 1979.

19 Vgl. etwa Hofmann: *Sur la ›Liberté‹*, S. 68 f.; Toussaint: *La liberté*, S. 57; Traeger: *Die Epiphanie*, S. 140 f.; Stéphane Guégan: *Delacroix. Peindre contre l'oubli*. Paris 2018, S. 119; Allard/Fabre: *Delacroix*, S. 104; ferner – ohne expliziten Rekurs auf Courbet – Athanassoglou-Kallmyer: *Delacroix*; kritisch dazu Robert Floetemeyer: *Delacroix' Bild des Menschen. Erkundungen vor dem Hintergrund der Kunst des Rubens*. Mainz 1998, S. 91.

20 Vgl. etwa Toussaint: *La liberté*, S. 10; Rohlmann: *Delacroix' ›Liberté‹*, S. 233 f.

teilen steht oder kniet und alsbald vom osmanischen Soldaten im Hintergrund weggeführt werden wird, mehr dar als nur ein Individuum. So wie sie Griechenland repräsentiert, verkörpert die Frau im Bild von 1830 die Freiheit.

Es fällt dennoch nicht leicht, den Sinn der ungewöhnlichen Verschränkung von Individuum und Allegorie zu erschließen.[21] Während Kunstkritiker in ihren Salonberichten des Jahres 1831 vielfach ratlos die Frage stellten, »ob diese Freiheit eine wirkliche Frau oder ob sie eine allegorische Gestalt ist«,[22] hat Ralph Ubl vorgeschlagen, dass das Bild einen Prozess der Transformation vor Augen führe, in dem die Frau zur Allegorie werde.[23] Buchstabiert man diesen Gedanken aus, so verfolgen wir mit dem Werden einer Allegorie einen Moment, in dem eine hehre Idee greifbar wird, oder einen Augenblick, in dem der einzelne Mensch für mehr zu stehen und einzustehen beginnt als nur für seine individuelle Existenz. Es ist zugleich der Moment, in dem sich verschiedenartige Bevölkerungsgruppen zu einer gemeinsamen Tat zusammenfinden bzw. in dem dieses kollektive Wirken dazu beiträgt, dass eine abstrakte Idee wirklich und lebendig wird.

Doch ist auch mit einer solchen Deutung die Ambiguität der Frau auf der Barrikade, die Heinrich Heine als »eine seltsame Mischung von Phryne, Poissarde und Freyheitsgöttinn«[24] bezeichnet hat, nicht ausge-

21 Delacroix' Vorgehen weist Analogien zu dem Verfahren auf, das Reinhart Koselleck bei Honoré Daumier beobachtet hat. Daumier habe es »verstanden, die traditionelle Aussagekraft der Symbole und Allegorien so in die Unmittelbarkeit des Alltagsgeschehens einzuschmelzen, daß im Bild jede Differenz verschwindet« – freilich ohne dass diese Differenz selbst belanglos würde. Vielmehr bleibt sie, wie Koselleck bemerkt, gerade in ihrer Verschmelzung als Differenz wirksam. Reinhart Koselleck: *Daumier und der Tod*, in: Gottfried Boehm, Karlheinz Stierle und Gundolf Winter (Hg.): *Modernität und Tradition. Festschrift für Max Imdahl zum 60. Geburtstag*. München 1985, S. 163-178, hier S. 166.

22 [Charles] F[arcy]: *Peinture et sculpture. Salon de 1831 (deuxième article)*, in: Journal des artistes et des amateurs 5 (1831), Bd. 1, Nr. 19, 8.5.1831, S. 343-353, hier S. 347: »On se demande, en outre, et la question vaut la peine d'être faite, si cette Liberté est une femme véritable, ou si c'est un personnage allégorique. Aucun spectateur n'est en état de résoudre ce problème.«

23 Ubl: *Delacroix' Figuration*, S. 142, spricht von einer »neuartigen Bildauffassung, Historie und Allegorie so aufeinander zu beziehen, dass die Verwandlung einer historischen Protagonistin in eine Allegorie zu sehen ist.« Zugleich betont auch er die körperliche Präsenz der *Liberté*.

24 Heinrich Heine: *Französische Maler. Gemäldeausstellung in Paris 1831*, in: *Heinrich Heine. Historisch-kritische Gesamtausgabe der Werke*, Bd. 12/1, hg. von Jean-René Derré und Christiane Giesen. Hamburg 1980, S. 9-62, hier S. 20.

räumt. Diese Ambiguität beschränkt sich – wie Marcia Pointon hervorgehoben hat – nicht allein auf die Spannung zwischen Individuum und allegorisiertem Ideal, sondern ergibt sich auch aus der forcierten körperlichen Präsenz der Frau, die Konnotationen von Sexualität, Gewalt und Tod aufzurufen vermag. Die Nacktheit, die zunächst für Wahrheit einzustehen scheint, erweist sich im Kontext des Bildes als abgründig. Insbesondere in der Zusammenschau mit der partiell entkleideten Leiche im linken Vordergrund mutet der entblößte Oberkörper der Frau beunruhigend ambivalent an.[25] So wie sich an der Leiche hinter dem rechten Oberschenkel schattenhaft Schamhaar abzeichnet, deutet sich auch in der Achselhöhle der Frau Behaarung an, mit der die Assoziation idealer Nacktheit konterkariert wird. Nacktheit mag in Delacroix' Bild einerseits zwar noch an geläufige idealisierende Darstellungsformen erinnern, durch die sich die Allegorie auszeichnet, begegnet aber andererseits als Reduktion des aller Rollen entkleideten menschlichen Individuums auf die leblose Existenz seines toten Körpers, wie er links im Vordergrund zu sehen ist.[26]

25 Vgl. Pointon: *Liberty on the Barricades*. Die Ambiguität der zentralen Figur in Delacroix' Bild betonen auch folgende Beiträge: Monika Wagner: *Freiheitswunsch und Frauenbild. Veränderung der ›Liberté‹ zwischen 1789 und 1830*, in: Inge Stephan und Sigrid Weigel (Hg.): *Die Marseillaise der Weiber. Frauen, die Französische Revolution und ihre Rezeption*. Hamburg 1989, S. 7-36; sowie Linda Nochlin: *Delacroix's ›Liberty‹, Daumier's ›Republic‹. Gender Advertisements in Nineteenth-Century Political Allegory*, in: Klaus Herding (Hg.): *L'art et les révolutions. XXVIIe Congrès international d'histoire de l'art*, Bd. 2: *Changements et continuité dans la création artistique des révolutions politiques*. Strasbourg 1992, S. 13-27, bes. S. 16 f.

26 Der Vorschlag, auch in der Leiche links idealisierende Züge zu erkennen, die zu einer allegorischen Ausdeutung einladen würden, ist m. E. ebenso wenig überzeugend wie die damit verbundene Hypothese, dass hier in jedem Fall ein gefallener Revolutionär zu sehen sei; vgl. Edith Warren Hoffman: *A Footnote to Eugène Delacroix's ›Liberty Leading the People‹*, in: Source. Notes in the History of Art 9 (1990), H. 3, S. 24-30.

V. Bildeinheit und kompositorische Spannungen

Eine Tendenz, die auf Zusammenführung und Vereinigung zielt, deutet sich auch in der Darstellungsform an. Bildbeherrschend ist eine Dreieckskomposition, die in der *Liberté* und der von ihr gehaltenen Trikolore gipfelt. Zudem finden sich blau-weiß-rote Farbakzente so systematisch über die ganze Bildfläche verteilt, als solle suggeriert werden, dass die überall erscheinenden Farben der Trikolore die Vereinigung des Volks unter der Nationalfahne verheißen. Mit den Mitteln der ästhetischen Ordnung des Bildes und mit der Farbgebung scheint eine Einheit gestiftet zu werden, die selbst jene Gegensätze zu überbrücken vermag, die in der Bildhandlung, d. h. im Kampf der Revolutionäre gegen das königliche Militär, noch schroff gegeneinanderstehen. Denn in die Komposition sind auch die gefallenen Soldaten eingebunden, die gleichsam die Basis des Dreiecks zu bilden scheinen. Und an ihren Uniformen, ja selbst mit ihrem Blut treten jene blauen, weißen und roten Farben der Trikolore hervor, die das Kolorit des gesamten Bildes dominieren.

Dass Delacroix seinem Gemälde eine Struktur zugrunde gelegt hat, die dem Bild Einheit sichert und eine fassliche Komposition verleiht, ist vor dem Hintergrund seiner Werke der 1820er Jahre keineswegs selbstverständlich. Mit zentralen Beiträgen zu den Salons von 1824 und 1827 hatte er gängige Erwartungen an die Einheit und Ganzheit des Tableaus auf provozierende Weise durchkreuzt.[1] Das *Massaker von Chios* (Abb. 12) konfrontiert im Vordergrund mit einer Ansammlung von Bildfiguren, deren Anordnung geradezu ostentativ von klassischen pyramidalen Kompositionen abweicht, so dass ausgerechnet in der Bildmitte der Blick jäh in einen Hintergrund gelenkt wird, der sich ohne nachvollziehbare Verbindung an den Vordergrund anschließt. Und mit dem scharf kritisierten *Tod des Sardanapal* (Abb. 50) hatte Delacroix 1827 im Salon ein Bild ausgestellt, das wie der Versuch anmutet, jede kompositorische Rücksichtnahme auf die Grenzen und den Rahmen des Gemäldes gezielt zu ignorieren. Das fugenlos dichte Neben- und Hintereinander der zahlreichen Figuren und Ausstattungsgegenstände lässt den Blick nahezu orientierungslos umherirren. Kein Gegenstand greift die Grundrichtungen des Bildes auf, um zwischen der Darstellung und den Senkrechten und Waagerechten des Rahmens zu vermitteln. Umso bemerkenswerter

1 Vgl. Hans Körner: *Auf der Suche nach der wahren Einheit. Ganzheitsvorstellungen in der französischen Malerei und Kunstliteratur vom mittleren 17. bis zum mittleren 19. Jahrhundert*. München 1988.

ist, dass Delacroix mit der Komposition seiner *Liberté* zu einer klassischen Bildanlage zurückfindet. Mit der *unité* des Tableaus, die das Geschehen im Bild fasslich werden lässt und die Erscheinungsweise des Dargestellten mit der Form des Bildträgers versöhnt, scheint Delacroix zugleich auch die Einheit der verschiedenen Akteure zu veranschaulichen, die sich um die Figur der Freiheit scharen und persönliche Interessen zurückstellen.

Doch sind damit die Spannungen und Fragen nicht bereits gelöst, die wir zuvor herausgearbeitet haben. Sofern tatsächlich von einer ästhetisch vermittelten Einheit der revolutionären Situation gesprochen werden kann, ist sie um den Preis jener Opfer am unteren Bildrand erkauft, die sich erst nach ihrem Tod in diese Einheit einbinden lassen. Folgerichtig sind die Gefallenen auch nur bedingt in die übergreifende trianguläre Komposition integriert, da sie sich ihrerseits zu einem eigenen, flacheren Dreieck fügen,[2] dessen Verlauf durch das Gesichtsprofil der Leiche links, die Rückenlinie des knieenden, zur Freiheit hinaufschauenden Verwundeten sowie durch die Schulterklappen des Soldaten rechts abgesteckt wird. Die Schenkel des größeren Dreiecks werden hingegen durch Waffen markiert: Das Gewehr des Mannes mit dem Zylinder führt eine Diagonale nach oben, die vom Arm mit dem Säbel im Hintergrund aufgegriffen wird, um zur Fahne und zum Haupt der *Liberté* zu gelangen, deren fallende linke Schulter, verlängert um den linken Arm und die nach unten gehaltene Pistole des Knaben, den gegenläufigen Schenkel des Dreiecks andeutet. Die Spitzen beider Dreiecke fallen jeweils grob mit den Köpfen des Verwundeten bzw. der *Liberté* zusammen, denen gemeinsam ist, dass sie rote Kopfbedeckungen tragen. Diese Gipfelpunkte ruhen nicht auf der vertikalen Symmetrieachse, sondern sind jeweils ein wenig nach links bzw. rechts verschoben, so dass die beiden triangulären Formen zueinander in eine latente Spannung treten. So sehr auch das übergreifende größere Dreieck den Gesamteindruck dominiert, ist die kompositorische Einheit nicht frei von konflikthaften Momenten.

Vor allem aber muss der Eindruck der Einheit in dem Maße brüchig bleiben, in dem sich die dargestellte Momentaufnahme als flüchtig und veränderlich erweist. Schon im nächsten Augenblick wird sich die Konstellation anders darstellen und kann aus der pyramidalen Ordnung ein chaotisches Knäuel geworden sein. Die Fragilität der im Bild gestifteten Einheit tritt noch stärker hervor, wenn man den Blickrichtungen der verschiedenen Figuren folgt. Sie sind keineswegs durchweg auf die zen-

2 Ich greife hier Beobachtungen von Busch: *Eugène Delacroix*, S. 6 f., auf, der jedoch den leichten Widerstreit der beiden Dreiecke miteinander übersieht.

trale Figur der *Liberté* bezogen. Vielmehr richtet zum Beispiel der Mann mit dem Zylinder entweder seinen Blick ins Unbestimmte, vielleicht gar nach innen, oder er blickt konzentriert auf einen Punkt, der außerhalb des Bildfeldes liegt. Und das Interesse des Jungen mit den beiden bedrohlichen Pistolen scheint direkt den Betrachtern zu gelten. Die Gelegenheit, der Szene durch aufeinander bezogene Blicke Zusammenhang und Einheit zu verleihen, lässt Delacroix ungenutzt.[3]

Die einheitsstiftende Komposition kann auch deswegen nicht zum dauerhaft dominierenden Eindruck werden, weil der Blick immer wieder gezielt vom Zentrum weggeführt wird, um auf die Peripherie des Bildes und auf dortige Details gelenkt zu werden. Die ausgeprägte Heterogenität der dargestellten Akteure zieht die Aufmerksamkeit der Betrachter unwillkürlich auf die einzelnen Figuren, ihre Bekleidung, ihre Waffen sowie ihre Gestik und Mimik. Wer die Revolution verstehen will, so suggeriert Delacroix' Bild, muss deren Akteure gerade in ihrer Verschiedenartigkeit genau studieren. Es ist daher folgerichtig, dass in der Charakterisierung der Figuren keine Idealisierung oder Vereinheitlichung angestrebt wird. Auch sollen die dargestellten Akteure offenkundig nicht zur Identifikation einladen, zeigen sie doch entweder einen enthemmten, besessenen mimischen Ausdruck oder aber, wie möglicherweise der Träger des Zylinders, ein befremdliches Innehalten und Zaudern. So wie die Figur der Freiheit selbst eine spannungsvolle Überblendung eines einzelnen ungeschönten Individuums mit einer Allegorie darbietet, ist auch das Bild im Ganzen von einem Widerstreit zwischen Partikularismen, Fremdheit, Distanzierung einerseits und zusammenführender Bewegung, Verschmelzung andererseits durchzogen.[4]

Diese Spannungen wirken sich unvermeidlich auf den Prozess der Rezeption aus. Indem die Bildfiguren immer wieder ihre Individualität geltend machen, regen sie zu einer nahsichtigen Rezeption an, die für die bildübergreifende ästhetische Ordnung zunehmend unempfänglich wird, so dass die Einheit des Tableaus zugunsten eines Nebeneinanders von Einzelheiten zurücktritt. Dieser Effekt wird durch signifikante Detailmotive wie Accessoires der Uniformen verstärkt, die nicht nur Authentizität versprechen, sondern von erheblicher Bedeutung sind, um zum Beispiel Angehörige königlicher Truppen von Mitgliedern der prorevolutionären Nationalgarde zu unterscheiden. In äußerst zugespitzter Form inszeniert Delacroix diese Relevanz des Details im Hintergrund

3 Vgl. Simon Lee: *Delacroix*. London 2015, S. 147: »[…] there is little formal or psychological linkage between the participants.«

4 Vgl. auch Ubl: *Delacroix' Figuration*, S. 146 f.

am rechten Bildrand, wenn auf einem der Türme von Notre-Dame eine winzige Trikolore zu sehen ist, die ungeachtet ihrer verschwindend geringen Größe ein höchst bedeutsames Signal gibt: nämlich die erfolgreiche Besetzung eines der wichtigsten Gebäude der Stadt. Ausgerechnet das kleinste Motiv im Bild ist deutlichster Ausdruck des kommenden Siegs der Revolution.

Auf unerwartete Weise bestätigt sich damit die eingangs zitierte Einschätzung von Gustave Planche. Delacroix' wohlkalkulierte und effektvoll inszenierte Momentaufnahme verlangt seinen Betrachtern deutlich mehr Zeit ab, als der erste Eindruck glauben macht. Nur in einem längeren Rezeptionsprozess kann sowohl die Einheit des Tableaus als auch die Heterogenität der Akteure, sowohl die ungeschönte Individualität der Frau im Bildzentrum als auch deren überindividuelle allegorische Signifikanz hervortreten. Erst auf diese Weise wird das Bild in seiner ganzen Widersprüchlichkeit erfahrbar, in seinem Schwanken zwischen Realität und Allegorie sowie zwischen einer Affirmation des dargestellten Ereignisses und der bedrohlichen Konfrontation des Publikums mit den unaufhaltsam heranstürmenden Revolutionären. Die kompositorische Einheit des Bildes hebt diese Widersprüchlichkeit nicht auf, sondern erweist sich als einer jener Pole, aus denen sich die Spannung aufbaut. Denn die Wahrnehmung der ästhetischen Ordnung des Tableaus konkurriert stets mit der Aufmerksamkeit für die heterogenen Details.

Die Ambivalenz, die Delacroix' Bild eigen ist, hatte 1831 ein anonymer Beitrag in der Zeitschrift *L'Artiste* in folgende Worte gefasst: »Wenn es notwendig ist, meinen ganzen Gedanken auszusprechen, auf die Gefahr hin, mich zu täuschen und zu irreführenden Mutmaßungen verführt zu werden, möchte ich sagen, dass ich in dem Bild für mich unbestreitbare Spuren dieser beiden entgegengesetzten Gefühle sehe: Ode und Satire, Enthusiasmus und Verachtung, Bewunderung und Ekel, das Streben nach einer besseren Zukunft und gleichzeitig die bittere und schmerzhafte Erinnerung an die Vergangenheit.«[5] So vorsichtig diese Überlegung

5 [Anonym]: *Portraits et caractères contemporains. IV: Eugène Delacroix*, in: *L'Artiste* 2 (1831), S. 178-181, hier S. 180: »S'il faut dire ma pensée tout entière, au risque de me tromper et de m'égarer en folles conjectures, je dirai que j'aperçois dans le tableau des traces incontestables, pour moi, de ces deux sentimens opposés: ode et satire, enthousiasme et mépris, admiration et dégoût, aspiration vers un avenir meilleur, et, en même temps, souvenir amer et douloureux du passé.« – Der anonym erschienene Text wird bisweilen Gustave Planche zugeschrieben; vgl. etwa Maurice Regard: *Gustave Planche 1808-1857. Correspondance, bibliographie, iconographie*. Paris 1955, S. 199. Sérullaz und Pomarède (*Eugène Delacroix. La liberté*, S. 51) weisen den Text Victor Schoelcher zu.

auch vorgebracht wird, trifft sie doch etwas Wesentliches: Delacroix' Bild stellt Spannungen aus, ohne sie sogleich zu lösen oder zu entscheiden.[6] Vermutlich verspürt jede Betrachterin und jeder Betrachter etwas vom enthusiastischen Moment des Sturms unter dem Banner der Trikolore. Zugleich aber gibt es gute Gründe dafür, dass die dargestellten Figuren so vielen Zeitgenossen keineswegs vollauf sympathisch erschienen, sondern fremd und suspekt blieben.

6 Vgl. Ubl: *Delacroix' Figuration*, S. 142. Ubl plädiert dafür, das im Gemälde angelegte »Konfliktpotential [...] als charakteristischen Zug des Bildes zu begreifen«. Vgl. auch Clark: *Der absolute Bourgeois*, S. 23: »[...] Delacroix' Gemälde ist zugleich Darstellung und Widerspruch des Mythos.« Guégan (*Delacroix. Peindre contre l'oubli*, S. 122) fragt in ähnlicher Weise: »Pourquoi le peintre a-t-il si peu idéalisé ses héros et, plus encore, offert une image aussi ambiguë de la violence insurrectionnelle?«

VI. Die ›Freiheit‹ im Netz der Bilder

Die Ungewissheiten in der Deutung und Bewertung des Gemäldes verstärken sich zusätzlich, wenn man danach fragt, mit welchen anderen Bildern sich Delacroix der Öffentlichkeit präsentierte, als er *Die Freiheit führt das Volk* 1831 im Salon ausstellen ließ. Viel Aufmerksamkeit und reichlich Widerhall fand ein Gemälde, mit dem sich der Maler an einem Wettbewerb für die bildliche Ausstattung der *Chambre des députés* im Palais Bourbon beteiligte (Abb. 13).[1] François Guizot, der neue Innenminister, hatte im September 1830 einen mehrstufigen Prozess angestoßen, mit dem insgesamt drei großformatige Gemälde zur jüngeren französischen Geschichte für den Sitzungssaal in Auftrag gegeben werden sollten. In drei hintereinander gestaffelten Wettbewerben wurde dazu eingeladen, Ölskizzen einzureichen, die für jeweils gut eine Woche öffentlich präsentiert und von einer Jury beurteilt wurden. Dem Gewinner des jeweiligen *Concours* winkte der lukrative Auftrag, seine Skizze als großes Gemälde ausführen zu können. Während Delacroix an der ersten Runde, für die als Thema der Eid des neuen Königs Louis-Philippe auf die *Charte constitutionnelle* vorgegeben war, nicht teilnahm, hatte er in der zweiten Runde erfolglos einen Vorschlag für die Darstellung der Begegnung von Mirabeau und dem Marquis de Dreux-Brézé am 23. Juni 1789, eines wichtigen Ereignisses zu Beginn der Französischen Revolution, eingereicht. Für den dritten Wettbewerb mit Abgabefrist bis zum 1. April 1831 wurde als Thema eine Szene vom sog. Prairial-Aufstand festgelegt. In einer der letzten Volkserhebungen der Französischen Revolution waren am 20. Mai 1795 bewaffnete Demonstranten vor den Nationalkonvent gezogen, um ihn zu stürmen. Der Abgeordnete Jean-Bertrand Féraud wurde dabei von Aufständischen getötet und enthauptet. Mit seinem Kopf auf einer Lanze zog die Menge in den Sitzungssaal. François-Antoine de Boissy d'Anglas, der die Sitzung der Nationalversammlung leitete, soll bei der einschüchternden Konfrontation mit dem Haupt

1 Vgl. Johnson: *The Paintings*, Bd. 1, S. 156 f., Nr. 147; Jessica Mack-Andrick (Red.): *Eugène Delacroix* (Ausst.-Kat. Kunsthalle Karlsruhe). Heidelberg 2003, S. 207 f.; Hans-Werner Schmidt, Jan Nicolaisen und Martin Schieder (Hg.): *Eugène Delacroix und Paul Delaroche. Geschichte als Sensation* (Ausst.-Kat. Leipzig, Museum der Bildenden Künste). Petersberg 2015, S. 114-116. – Zum Wettbewerb und zu Delacroix' Entwürfen vgl. Marrinan: *Painting Politics*, S. 79-94; Jobert: *Delacroix*, S. 133-136; zuletzt Pierre Serna: *»Les hommes ne meurent pas libres et égaux …«. Ou la face cachée des tableaux du Ier prairial en 1830*, in: La Révolution française 10 (2016). URL: https://doi.org/10.4000/lrf.1584 (letzter Zugriff: 23. Oktober 2022).

Férauds die Souveränität bewahrt und den aufgespießten Kopf ruhig und würdig gegrüßt haben. So wie gemäß der Konzeption von Guizot die Szene mit Mirabeau den Abgeordneten ein Vorbild für den Widerstand gegen Despotismus darstellte, stand Boissy d'Anglas für eine »résistance à la sédition«,[2] also eine Gegenwehr gegen Aufruhr und Umsturz. Ab dem 3. April wurden die Einreichungen von 26 Künstlern in einer achttägigen öffentlichen Ausstellung zur Diskussion gestellt.[3] Auch in diesem Fall erging der Auftrag nicht an Delacroix, der mit einem offenen Brief in der Zeitschrift *L'Artiste* reagierte, in dem er das in Frankreich so verbreitete Wettbewerbswesen grundsätzlich in Frage stellte.[4]

Dem Maler muss allerdings bewusst gewesen sein, in welch hohem Maße er mit seiner Skizze zum Boissy d'Anglas provozierte. Wie einige Kunstkritiker bemerkten, wich er erheblich von den historischen Berichten zu den Ereignissen am 20. Mai 1795 ab, indem er Boissy d'Anglas nicht ruhig sitzend darstellte, sondern im Stehen – so, als sei er gerade erschrocken aufgesprungen.[5] Überhaupt verstieß Delacroix' Bild insofern erheblich gegen die Vorgaben, als es nicht die souveräne, standhafte Reaktion von Boissy d'Anglas, sondern das unkontrollierte regellose Chaos des Aufstands in den Fokus der Aufmerksamkeit rückte. Dass die Einzelheiten der Darstellung schwer zu erfassen und zu differenzieren sind, ist zum Teil auf den skizzenhaften Charakter des Bildes und auf den schlechten Erhaltungszustand zurückzuführen. Doch lassen die Komposition sowie die Verteilung des Helldunkels nicht vermuten, dass eine ausgearbeitete großformatige Version des Gemäldes Boissy d'Anglas als Helden inszeniert hätte. Die Ereignisse des 20. Mai 1795 treten bei Delacroix kaum als vorbildliche Überwindung der bürgerkriegsartigen Exzesse der Revolution in Erscheinung, sondern erinnern eher auf verstörende Weise daran, wie rasch die Bevölkerung die herrschenden Verhältnisse in Frage

2 Vgl. die Wiedergabe des entsprechenden Schreibens in [François Guizot]: *Rapport au roi. Tableaux pour la Chambre des députés*, in: Journal des artistes et des amateurs 4 (1830), Bd. 2, Nr. 14, S. 243 f.

3 [Charles] F[arcy]: *Peinture. Concours pour le troisième tableau destiné à la Chambre des Députés*, in: Journal des artistes et des amateurs 5 (1831), Bd. 1, Nr. 14, S. 257-259.

4 Eugène Delacroix: *Au directeur de l'Artiste. Lettre sur les concours*, in: L'Artiste 1 (1831), S. 49-51; vgl. auch Joubin: *Correspondance générale d'Eugène Delacroix*, Bd. 1, S. 268-276. – Joubin datiert die Publikation des Schreibens auf März 1831.

5 Vgl. etwa [anonym]: *Boissy-d'Anglas. Concours*, in: L'Artiste 1 (1831), S. 122 f., bes. S. 122; oder [Charles Farcy]: *Peinture. Concours pour le troisième tableau destiné à la Chambre des Députés (Deuxième article)*, in: Journal des artistes et des amateurs 5 (1831), Bd. 1, Nr. 15, S. 265-273, bes. S. 267 f.

stellen konnte.[6] Delacroix rührte damit an Ängste vor der willkürlichen Anarchie der Masse, die gerade erst wieder durch die letztlich glücklich verlaufenen *Trois Glorieuses* der Julirevolution geweckt worden waren.

Die Präsentation von Delacroix' *Boissy d'Anglas* im Kontext der Ausstellung zum *Concours* erfolgte weniger als einen Monat vor der Eröffnung des Salons am 1. Mai 1831. Die Skizze und die rege kunstkritische Diskussion um sie dürften die Erwartungen und Voreinstellungen geprägt haben, mit denen die Besucher des Salons wenig später vor Delacroix' Beiträge, insbesondere auch vor das Revolutionsbild, traten. Angesichts dieser engen zeitlichen Nachbarschaft erscheint ein Detail in Delacroix' Darstellung des 20. Mai 1795 bemerkenswert: Ausgerechnet der Aufständische, der mit einer überlangen Lanze den bluttriefenden Kopf von Féraud in die Richtung der Präsidententribüne hält, trägt eine rote Kopfbedeckung, die wie eine etwas groß geratene phrygische Mütze anmutet. Offensichtlich sollte der Täter auf diese Weise als ein radikaler Revolutionär in der Tradition der Montagnards gekennzeichnet werden. Da Delacroix aber die Skizze erst gemalt haben dürfte, als die Arbeiten am Freiheitsbild bereits weitgehend abgeschlossen waren, musste er darum wissen, dass er der Freiheit auf den Barrikaden dieselbe Kopfbedeckung wie einem brutalen namenlosen Aufständischen des Prairial gegeben hatte. Zumindest für Kunstinteressierte mit gutem visuellen Gedächtnis schuf er auf diese Weise eine Verbindungslinie vom *Boissy d'Anglas* zur *Liberté*, die nachdenklich stimmen musste.

Bereits vor der Julirevolution hatte Delacroix 1828/29 an einem Gemälde gearbeitet, das in mancherlei Hinsicht dem *Boissy d'Anglas* verwandt ist: *Die Ermordung des Bischofs von Lüttich* (Abb. 14).[7] Erneut spielt sich das Geschehen in einem hohen dunklen Raum ab, dessen sichtbare Wand von rechts vorne schräg in die Tiefe fluchtet. Und wie im Beitrag zum *Concours* von 1831 geht es auch hier um eine skrupellose Schreckenstat. Denn das Gemälde gibt eine Szene aus Walter Scotts Roman *Quentin Durward* (1823) wieder, in der Graf Wilhelm I. von der Mark den Lütticher Bischof Louis de Bourbon in dessen eigenem Palast vor einer großen Tischgesellschaft ermorden lässt.

Obwohl das Bild bereits 1829 im sog. Musée Colbert des Kunsthändlers Henri Gaugain gezeigt worden war,[8] reichte Delacroix es nachträg-

6 Vgl. Jean-Philippe Chimot: *Entre histoire et mythe: Delacroix et Daumier*, in: Romantisme 104 (1999), S. 39-51, bes. S. 47 f.

7 Vgl. Johnson: *The Paintings*, Bd. 1, S. 131-134, Nr. 135; Jobert: *Delacroix*, S. 116-118; Schmidt/Nicolaisen/Schieder: *Eugène Delacroix und Paul Delaroche*, S. 147-149.

8 Henri Gaugain: *Catalogue des tableaux et objets d'art exposés dans le Musée Colbert pendant le mois de décembre 1829*. Paris 1829, S. 21, Nr. 108.

lich zum Salon von 1831 ein, wo es aufgenommen und im dritten Supplement zum *Livret* verzeichnet wurde. Die dort dem Titel beigegebene Erläuterung macht unmissverständlich deutlich, dass in dem Bild abermals rohe Gewalt, aber keine vorbildliche Heldentat gezeigt wird. Wilhelm von der Mark, so heißt es dort, »bemächtigt sich mit Hilfe aufständischer Lütticher der Burg des Bischofs von Lüttich. Inmitten einer Orgie im großen Saal, auf dem bischöflichen Thron sitzend, lässt er sich den Bischof, der zum Spott mit seinen Messgewändern bekleidet ist, vorführen, um ihm in seiner Gegenwart die Kehle durchschneiden zu lassen.«[9]

Auffällig ist an dieser Darstellung, dass Nikkel Blok, der Mörder, der rechts neben dem Bischof bereits seinen Dolch gezückt hat, ebenfalls eine rote Mütze trägt. Auch jene Besucher des Salons, die nicht wenige Wochen zuvor den *Boissy d'Anglas* gesehen hatten, trafen nun also auf ein Gemälde, in dem das bereits wegen der roten Signalfarbe auffällige Detail der charakteristischen Kopfbedeckung in engsten Zusammenhang mit blasphemischer, willkürlicher Gewalt gebracht wird. Damit werden in gleich zwei Gemälden Delacroix', die das Pariser Publikum im Frühjahr 1831 in Ausstellungen sehen konnte, Repräsentanten einer gefährlichen Anarchie mit der phrygischen Mütze gekennzeichnet.

Mit dem mehrfachen Auftauchen dieses Details war dessen Bedeutung für das Revolutionsbild indes nicht bereits vorgegeben. Sofern Delacroix den *Boissy d'Anglas* und die *Ermordung des Bischofs von Lüttich* gezielt in zeitlicher oder sogar räumlicher Nachbarschaft zum Freiheitsbild ausstellen ließ, dürfte es ihm nicht darum gegangen sein, die phrygische Mütze durchweg mit eindeutig negativen Konnotationen zu versehen. Trotzdem unterstreicht die skizzierte Konstellation der Gemälde, die der Maler im Frühjahr 1831 präsentierte, die Ambivalenz der *Liberté* in seiner Darstellung der *Trois Glorieuses*. So wie die Figur im Ganzen zwischen Individuum und Allegorie schillert, müssen angesichts der anderen zeitgleich zu sehenden Werke Delacroix' auch die Konnotationen der phrygischen Mütze zwischen Freiheit und Anarchie changieren.

Eine ähnliche Verunsicherung und ›Veruneindeutigung‹ konnte ein weiteres im Salon von 1831 gezeigtes Gemälde hervorrufen, das ebenfalls

9 *Explication des ouvrages de peinture, sculpture, gravure, lithographie et architecture des artistes vivans, exposés au Musée Royal, le 1er mai 1831 (3e supplément)*, Paris 1831, S. 243 f., Nr. 2949: »Il s'empare du château de l'évêque de Liège, aidé des Liégeois révoltés. Au milieu d'une orgie dans la grande salle, et placé sur le trône pontifical, il se fait amener l'évêque revêtu en dérision de ses habits sacrés et le laisse égorger en sa présence.«

eine der beliebten und vielgelesenen Erzählungen von Walter Scott, in diesem Fall den Roman *Woodstock* (1826), aufgriff. Die Handlung von Bild und Roman spielt zur Zeit der englischen Bürgerkriege des 17. Jahrhunderts, genauer: in den Jahren unmittelbar nach der Hinrichtung des Königs Charles I. Mit dem Bild *Cromwell im Schloss Windsor* (Abb. 15) stellt Delacroix eine Szene aus Scotts Roman dar, in der Oliver Cromwell versucht, den royalistischen Hauptmann Wildrake, der sowohl seine wahre Identität als auch seine treue Ergebenheit zum Königshaus verleugnet, für die Suche nach dem geflohenen Königssohn einzuspannen.[10] Als er Wildrake mit Hilfe eines Bildes die Gesichtszüge des Gesuchten zeigen will, greift Cromwell versehentlich zu einem Porträt des hingerichteten Königs und wird davon wider Willen in den Bann gezogen. Anschaulich beschreibt der Roman, wie sowohl Cromwell als auch Wildrake darum ringen, ihre Emotionen und Affekte beim Anblick des Gemäldes zu beherrschen. Während Wildrake fürchten muss, dass sich in seinen Gefühlen die königstreue Haltung verraten könnte, denkt Cromwell laut über Charles I. und dessen Hinrichtung nach, wobei seine Überlegungen bei Betrachtung der stolzen Gesichtszüge des ehemaligen Königs den Charakter einer Verteidigungsrede annehmen, mit der Cromwell seine Politik rechtfertigt.

Delacroix' kleinformatiges und skizzenhaftes Gemälde lässt ahnen, wie sehr Cromwell in die Betrachtung des Bildnisses vertieft ist, und es zeigt, dass er Wildrake keine Aufmerksamkeit mehr schenkt. Das Gespräch mit dem Gast weicht der einsamen, versonnenen Beschäftigung mit dem Bild, so dass Wildrake nun zu einem stillen Beobachter der Betrachtung wird. Das Porträt des Königs bleibt als Bild im Bild nur sehr schemenhaft erkennbar. Dennoch scheint es so positioniert zu sein, dass sich selbst Rezipienten von Delacroix' Gemälde durch den Blick des hingerichteten Charles I. getroffen fühlen können.

Die Szene ist von einer schwer bestimmbaren, aber wirkungsvollen Abgründigkeit – zumal wenn man sich den weiteren Verlauf der Realgeschichte und den Fortgang von Scotts Erzählung vergegenwärtigt. Mit Cromwell führt das Gemälde eine historische Persönlichkeit vor Augen, die durch einen dramatischen politischen Umsturz an die Macht gelangt war und in England die Monarchie durch ein zwischen Republik und Diktatur schwankendes Regime ersetzt hatte. Kurze Zeit nach Cromwells Tod wurde jedoch das Königtum und mit Charles II. die Dynastie der Stuarts wieder eingesetzt. Scotts Roman und Delacroix' Bild kreisen

10 Vgl. Johnson: *The Paintings*, Bd. 1, S. 126 f., Nr. 129, und Bd. 3, S. 315; Schmidt/Nicolaisen/Schieder: *Eugène Delacroix und Paul Delaroche*, S. 203 f.

daher nicht zuletzt um eine blutige Abschaffung und anschließende Restauration der Monarchie.

Ohne dass sich direkte Parallelen ziehen lassen und eindeutige Interpretationen aufdrängen, dürften die von Scott und Delacroix in Erinnerung gerufenen Ereignisse der englischen Geschichte einem französischen Publikum kurz nach der Revolution von 1830 in einem besonderen Licht erschienen sein. Die Julirevolution hatte erneut die Frage nach der richtigen Regierungsform aufgeworfen; und mit dem Wechsel von Karl X. zu Louis-Philippe stand die Legitimität des Monarchen in Frage. Die Szene, die Delacroix für sein kleines, bereits vor der Revolution entstandenes Gemälde ausgewählt hatte, konnte vor diesem Hintergrund suggerieren, dass auch einem König, dessen Macht gebrochen scheint, eine starke gespensterhafte Präsenz zukommen kann. Zudem konnte das Gemälde den beunruhigenden Gedanken hervorrufen, dass – wie das Beispiel des getarnten Royalisten Wildrake zeigt – Akteure, die auf den ersten Blick für die neue Ordnung einzustehen scheinen, sich als Stützen der alten Monarchie erweisen könnten. Vor allem aber lässt Delacroix gänzlich im Ungewissen, wer von den im Bild Dargestellten eigentlich über Macht verfügt: Cromwell, der nach dem Königsmord faktisch die Politik des Landes bestimmt, Wildrake, der sich erfolgreich verstellt und dessen royalistische Position letztlich mit der Rückkehr von Charles II. als neuem König siegen wird, oder aber der hingerichtete Charles I., der noch als bloßes Porträt den scheinbar so mächtigen Cromwell in den Bann ziehen kann?

Auch Scotts Roman gibt auf diese Frage keine klare Antwort. Stattdessen führt Cromwell in seinem langen Monolog eine andere machtvolle Instanz ein: »›Dieser Flammändische [*sc.* flämische] Maler‹, sagte er, ›dieser Antonio Van Dyke – welche Macht besitzt er doch! Stahl kann verstümmeln, Krieger können verwüsten und zerstören – aber der König bleibt stets unverletzt; und während unsere Enkel seine Geschichte lesen, können sie die melancholischen Züge mit der traurigen Erzählung vergleichen.‹«[11] Es ist der Maler, der mit seinem die Zeitläufte überdauernden Gemälde dauerhaft Macht ausübt. Die politischen und militärischen Kräfteverhältnisse mögen, wie Cromwell nachdenklich eingesteht, unablässigen Wandlungen unterliegen. Das Bild aber bleibt faszinierend und schlägt auch spätere Betrachter in seinen Bann.

11 [Walter Scott]: *Woodstock oder der Ritter. Eine Erzählung aus dem Jahre sechszehn hundert ein und fünfzig. Zweiter Theil*, übers. von Carl Weil. Stuttgart 1826, S. 44; vgl. Walter Scott: *Woodstock or the Cavalier. A Tale of the Year Sixteen Hundred and Fifty-One*, 3 Bde. London 1826, Bd. 1, S. 219.

Dass Delacroix seine Darstellung dieser Szene eigens beim Besitzer Édouard de Fitz-James entlieh und im ersten Salon nach der Julirevolution präsentierte, könnte als eine Stellungnahme zum Verhältnis von Kunst und Politik verstanden werden. Zahlreiche Werke im Salon von 1831, darunter auch Delacroix' eigenes Freiheitsbild, stellten Ereignisse der Revolutionstage dar. Der neue König Louis-Philippe hatte sogar eigens angeordnet, dass keine Einreichung mit direktem Bezug zu den *Trois Glorieuses* von der Jury abgewiesen werden sollte. Das Publikum konnte daher im Salon den Eindruck gewinnen, dass sich die Kunst ganz in den Dienst der Politik stellte. Delacroix' kleines Gemälde, das in der Kunstkritik ohne nennenswerte Resonanz blieb, setzt hier einen bemerkenswerten Kontrapunkt. Es erinnert an die kontingenten Konjunkturen politischer Machtverhältnisse und weist die Kunst als die eigentlich machtvoll beharrende Instanz aus.

Eine entschiedene Distanzierung der Kunst gegenüber der Politik spricht auch aus dem bereits erwähnten offenen Brief über Kunstwettbewerbe, den Delacroix zur selben Zeit in der Zeitschrift *L'Artiste* publizierte. Die ernüchternden Erfahrungen mit dem *Concours* zu den Bildern für die *Chambre des députés* hatten den Maler dazu bewogen, die erheblichen Probleme und Nachteile darzulegen, die sich mit Wettbewerben im Feld der Kunst verbanden. Seine Überlegungen, die zwangsläufig auch die Kunstpolitik tangierten, beschloss Delacroix mit einem Plädoyer, das sich direkt an den Herausgeber der Zeitschrift richtete: »[...] Sie sind ungefähr der Einzige, den die Politik nicht überschwemmt. Stehen Sie fest, Herr; widerstehen Sie dieser Sturzflut: reden Sie uns von Musik, von Malerei, von Dichtung, und um Sie werden all diejenigen sich scharen, welche den Freuden der Phantasie den ersten Platz einräumen.«[12] Ausgerechnet der Künstler, der im bald eröffnenden Salon mit dem Bild *Die Freiheit führt das Volk* unmittelbar auf das prägende politische Ereignis des Vorjahres Bezug nehmen sollte, spricht sich hier – in einer Weise, die beinahe an Friedrich Schillers Vorwort zu den *Horen* erinnert – für eine strikte Trennung von Kunst und Politik aus.

Noch ein weiterer Gedanke aus Delacroix' Beitrag in *L'Artiste* ist mit Blick auf das Revolutionsbild aufschlussreich. Während das Gemälde einen äußerst zugespitzten Moment der Polarisierung zeigt, in dem an-

12 Eugène Delacroix: *Briefe I: 1813-1846*, übers. von Wilhelm Stein. Basel 1918, S. 107; vgl. Delacroix: *Au directeur de l'Artiste*, S. 51: »[...] vous êtes à peu près le seul que la politique n'envahit pas. Tenez ferme, monsieur; résistez à ce torrent: parlez-vous de musique, de peinture, de poésie, vous verrez venir à vous tous ceux qui donnent la première place aux plaisirs de l'imagination.«

gesichts der heranstürmenden Aufständischen und der Leichen zu ihren Füßen nur die Wahl zwischen Unterstützung oder Gegnerschaft bleibt, hat der Maler kurz zuvor in seinem offenen Brief ein tiefes Unbehagen an einer dichotomen Verengung von Meinungsunterschieden erkennen lassen. Eher beiläufig kommt er dort auf die Entgegensetzung von *classiques* und *romantiques* zu sprechen, die sich in den 1820er Jahren in der Kunstkritik herausgebildet hatte. Delacroix galt in diesem Konflikt, der sog. *bataille romantique*, klar als Vertreter, gelegentlich gar als Kopf der Romantiker. Er selbst hat diese Form der Polarisierung jedoch offenbar sehr kritisch gesehen: »[…] seit der großen Entdeckung des Klassischen und Romantischen«, so bemerkt er mit ironischem Unterton, »scheinen die Elemente des Zerfalls unversöhnlicher zu werden. Diese Frage, welche Freunde entzweit und die Familien gespalten hat, kompliziert beträchtlich die Frage der Wettbewerbe.«[13] Die Positionierungskämpfe und -zwänge, in die er in den 1820er Jahren involviert war und die ihn auf das Image des romantischen Aufrührers festlegten, scheint Delacroix als lästig und unproduktiv empfunden zu haben.

Wer im Frühjahr aufmerksam auf verschiedene öffentlich ausgestellte Gemälde von Delacroix blickte oder seinen offenen Brief in *L'Artiste* las, konnte einen Eindruck vom Maler gewinnen, der ihn keineswegs für eine rein affirmative Verherrlichung der Revolutionäre des Juli 1830 prädestinierte. Bilder wie *Boissy d'Anglas grüßt den Kopf des Abgeordneten Féraud* oder *Die Ermordung des Bischofs von Lüttich* ordneten dem signalfarbenen Detail der phrygischen Mütze kritische, negative Konnotationen zu. Die Darstellung von *Cromwell im Schloss Windsor* erinnerte auch daran, wie rasch grundlegende politische Neuerungen wieder kassiert werden konnten und sich die Abschaffung einer Monarchie rückgängig machen ließ. Und in seinem Beitrag für die Kunstzeitschrift *L'Artiste* trat Delacroix mit dem Plädoyer für eine entschiedene Trennung von Kunst und Politik hervor. Wenn kunstinteressierte Betrachter Delacroix' Revolutionsbild im Kontext seiner sonstigen öffentlichen Stellungnahmen in Bild und Text sahen, dürfte es ihnen schwergefallen sein, aus den verschiedenen Äußerungen eine klare und eindeutige politische Positionierung des Künstlers abzuleiten. Was man in anderen Gemälden von Delacroix sehen und in der Zeitschrift lesen konnte, regte eher dazu an, die

13 Delacroix/Stein: *Briefe I: 1813-1846*, S. 101; vgl. Delacroix: *Au directeur de l'Artiste*, S. 49: »Surtout depuis la grande découverte du classique et du romantique, les élémens de désaccord semblent devenir plus inconciliables. Cette question, qui a brouillé des amis et divisé les familles, complique beaucoup celle des concours.«

Aufmerksamkeit für die internen Spannungen und Widerstreite im Bild der *Liberté* zu schärfen.

Wie wir sahen, bietet Delacroix' Gemälde ohnehin allen Anlass für eine Betrachtung, die Ambivalenzen austrägt und die Gedanken schwanken lässt: zwischen einer beeindruckenden, begeisterten Befreiungsbewegung und einem entfesselten, anarchischen Pöbel, zwischen idealisierender Allegorie und ungeschöntem Individuum, zwischen der Darstellung eines zugespitzten Augenblicks und einer langanhaltenden Bildrezeption sowie zwischen einer zentralisierenden und hierarchischen Komposition einerseits und einer zerstreuenden Fülle von peripheren, aber signifikanten Details andererseits. Der Blick auf einige der Gemälde, mit denen Delacroix ebenfalls im Frühjahr 1831 an die Öffentlichkeit getreten ist, bekräftigt diesen Eindruck: Es sind gezielt angestrebte und nicht zufällig unterlaufene Ambivalenzen und Ungewissheiten, mit denen *Die Freiheit führt das Volk* die Betrachter konfrontiert.

VII. Werkgenese: Von der Einheit zum Widerstreit

Die Spannungen und Ambivalenzen, die sich bei der näheren Betrachtung des Bildes, seines Figurenpersonals und seiner Komposition ausmachen lassen, sind nicht zuletzt Ergebnis eines langen und umwegigen Prozesses, in dem sich die Idee zum Freiheitsgemälde herausgebildet hat. Die eigentliche Entstehungsphase des anspruchsvollen, großformatigen Bildes nahm allerdings wenig Zeit in Anspruch. Die erste verbürgte Nachricht über das Projekt findet sich am 12. Oktober 1830 in einem Brief des Malers an seinen Bruder, den General Charles-Henry Delacroix. Dort heißt es: »Ich habe mir einen modernen Gegenstand vorgenommen, eine Barrikade […].«[1] Ob eine Bestellung von Farben, die Delacroix am 20. September bei seinem Händler Jacques-François Haro aufgegeben hatte, für dasselbe Vorhaben erfolgte, muss offenbleiben.[2] Bereits am 6. Dezember konnte der Maler dem Freund Félix Guillemardet mitteilen, dass er das Bild fast vollendet habe.[3] Und am 26. Januar 1831, mithin mehr als drei Monate vor der Eröffnung des Salons, berichtete Charles Lenormant über das vollendete Gemälde, das er im Atelier des Malers hatte sehen können.[4] Bei dieser Gelegenheit wird auch deutlich, dass Delacroix, der offenkundig sehr genau abwog, in welchem Kontext das Bild erscheinen sollte, es nicht für eine Ausstellung zugunsten der Opfer der Julirevolution zur Verfügung gestellt hatte, die nach einer ersten Eröffnung im Oktober 1830 am 12. Januar 1831 mit zahlreichen Ergänzungen ein weiteres Mal im Musée du Luxembourg öffentlich präsentiert wurde.[5]

1 Eugène Delacroix: *Lettres intimes*, hg. von Alfred Dupont. Paris 1995, S. 191: »J'ai entrepris un sujet moderne, une barricade […].«

2 Joubin: *Correspondance générale d'Eugène Delacroix*, Bd. 1, S. 258. Vgl. auch Maurice Sérullaz: *Mémorial de l'exposition Eugène Delacroix, organisée au Musée du Louvre à l'occasion du centenaire de la mort de l'artiste* (Ausst.-Kat. Paris, Musée du Louvre). Paris 1963, S. 85.

3 Joubin: *Correspondance générale d'Eugène Delacroix*, Bd. 1, S. 262.

4 [Charles Lenormant]: *Bruits sur l'ouverture du Salon. Tableaux de M. Delacroix*, in: Le Temps. Journal des progrès, Nr. 466, 26.1.1831, S. 3 f.

5 Vgl. Éric Bertin: *Une lettre inédite de Delacroix relative à sa ›Liberté guidant le peuple‹ (29 janvier 1831)*, in: Bulletin de la Société des amis du Musée national Eugène Delacroix 3 (2005), S. 8 f. – Das Supplement zum Katalog der Ausstellung im Musée du Luxembourg erwähnt unter Nr. 508 ein Bild von Delacroix mit dem Titel »Une barricade«. Bertin geht davon aus, dass es sich hier um *La liberté guidant le peuple* handele und Delacroix das zunächst zugesagte Gemälde schließlich doch nicht zur Verfügung gestellt habe. Vgl. auch Johnson: *The Paintings*, Bd. 1, S. 151, Anm. 2; und Marrinan: *Painting Politics*, S. 67.

Die kurze Entstehungszeit, von der die Briefe zeugen, deckt sich mit den Befunden maltechnischer Untersuchungen.[6] Sie bestätigen den Eindruck eines zügigen, souveränen Farbauftrags und lassen darauf schließen, dass das Gemälde zu weiten Teilen keine aufwendige Überlagerung mehrerer Malschichten aufweist. Nur wenige Details sind offenbar im Verlauf der Arbeit an der Leinwand modifiziert worden: Der Kopf der *Liberté* scheint erst spät ins Profil gewendet worden zu sein, denn unter Röntgenstrahlen wird eine Malschicht erkennbar, in der das Gesicht noch stärker zu den Betrachtern und leicht nach unten gerichtet ist. Außerdem wurde wohl die Bekleidung der zentralen Figur angepasst und der Abstand zwischen ihr und dem Knaben mit den Pistolen ein wenig vergrößert.

Dass sich die konkrete Planung und Ausführung des Bildes in vergleichsweise kurzer Zeit erfolgreich durchführen ließ, dürfte sich auch älteren Vorarbeiten verdanken, die Delacroix nun hervorholen und anpassen konnte. Arlette und Maurice Sérullaz sowie Hélène Toussaint haben in mehreren Beiträgen auf eine Vielzahl von Zeichnungen aufmerksam gemacht, die mindestens in einem mittelbaren Zusammenhang mit dem Freiheitsbild stehen.[7] Ein wichtiger Teil dieser Skizzen und Studien entstand lange vor 1830 im Kontext von Delacroix' Beschäftigung mit der griechischen Befreiungsbewegung. In einem Brief vom 15. September 1821 äußert der Maler erstmals gegenüber Charles Soulier die Idee, den Freiheitskampf, mit dem sich die Griechen von der osmanischen Fremdherrschaft zu lösen versuchten, zum Gegenstand eines Bildes zu machen.[8] Danach markieren die Gemälde *Das Massaker von Chios* (Abb. 12) sowie *Griechenland auf den Ruinen von Missolunghi* (Abb. 11) wichtige Stationen der künstlerischen Verarbeitung aktueller Entwicklungen in Griechenland. Schon früh scheint Delacroix dabei Bildkompositionen erwogen zu haben, die dem späteren Barrikadenbild nahekommen.

Da die relevanten Zeichnungen keine Beschriftungen oder anderweitigen Indizien aufweisen, die eine verlässliche Datierung erlauben, ist es

6 Vgl. Faillant-Dumas/Rioux: *Étude au Laboratoire de recherche des musées de France.*

7 Vgl. Sérullaz: *Mémorial,* S. 87-89; Maurice und Arlette Sérullaz: *Dessins inédits de Delacroix pour ›La liberté guidant le peuple‹*, in: Revue de l'art 14 (1971), S. 57-62; Johnson: *The Paintings,* Bd. 1, S. 71 u. S. 149-151; Toussaint: *La liberté,* S. 9-35; Maurice Sérullaz: *Inventaire général des dessins. École française. Dessins d'Eugène Delacroix 1798-1863* (Musée du Louvre. Cabinet des Dessins). Paris 1984, Bd. 1, S. 94 f. u. S. 113-116, sowie Bd. 2, S. 333-343; Sérullaz/Pomarède: *Eugène Delacroix. La liberté,* S. 29-39.

8 Joubin: *Correspondance générale d'Eugène Delacroix,* Bd. 1, S. 132: »un tableau dont je prendrai le sujet dans les guerres récentes des Turcs et des Grecs«.

schwer, die Blätter in eine zeitliche Reihenfolge zu bringen. Dennoch sei zumindest versucht, auf der Grundlage von werkgenetischen Argumenten eine plausible Entwicklung zu rekonstruieren. Dabei lassen sich grob drei Phasen unterscheiden.

(1.) Bereits in die frühen 1820er Jahre könnten Kompositionsskizzen fallen, die eine zentrale Gestalt in einem Getümmel von liegenden, kauernden oder knienden Figuren zeigen. Sowohl in drei auf einem Bogen ausgeführten Zeichnungen (Abb. 16)[9] als auch in einer mit Feder und Pinsel bearbeiteten Skizze (Abb. 17)[10] steht eine Figur im Bildzentrum, die ein Tuch in der Luft zu schwingen scheint. Die ergänzenden Figurenstudien an den Rändern der zweiten Skizze lassen keinen Zweifel daran, dass zu den Füßen der zentralen Figur Opfer kriegerischer Gewalt dargestellt werden. Eine mit Bleistift in die Kompositionsskizze eingefügte Beschriftung (»nuage qui cache la fin de la mer«[11]) lokalisiert das Geschehen an eine Küste und lässt an eine der griechischen Inseln denken, die im Befreiungskrieg gegen die Osmanen besonders umkämpft waren. Ein in Weimar verwahrtes Blatt mit zwei Varianten der Bildidee (Abb. 18) gehört in denselben Zusammenhang,[12] weist aber bereits nicht mehr die Figur mit einer oder mehreren Trompeten auf, die in den anderen Zeichnungen zu erkennen ist. Sofern die Notizen, die von fremder Hand den drei auf einem Bogen vereinten Skizzen beigegeben worden sind, auf frühere Beschriftungen des Künstlers zurückgehen,[13] hatte Delacroix mit diesen Entwürfen eine allegorische Darstellung im Sinn, in der durch das Winken mit dem Tuch und die Trompete zum Kampf aufgefordert worden wäre. Möglicherweise dachte er an eine Allegorie Griechenlands, die – gleichsam als Mutter – ihre ›Kinder‹ zum heroischen Kampf aufruft, obwohl ihnen der Tod droht.[14]

9 Vgl. Toussaint: *La liberté*, S. 10 f., Nr. 2; vgl. auch Sébastien Allard (Hg.): *Delacroix. De l'idée à l'expression* (Ausst.-Kat. Barcelona, Caixa Forum). Madrid 2011, S. 200 (mit einer Datierung in das Jahr 1826). – Die kleine Zeichnung unten links behält die Ausrichtung der zentralen Figur weitgehend bei, invertiert und variiert aber die sie begleitenden Figuren.

10 Vgl. Toussaint: *La liberté*, S. 11 f., Nr. 3; vgl. Allard: *Delacroix. De l'idée à l'expression*, S. 200 (mit einer Datierung in das Jahr 1826).

11 Zit. nach Toussaint: *La liberté*, S. 11.

12 Vgl. Hermann Mildenberger: *Von Delacroix bis Warhol. Schenkungen von Wilhelm Winterstein* (Ausst.-Kat. Weimar, Schiller-Museum). Dresden 2020, S. 88-91 (dort irrtümlich als direkte Vorstudie zum Freiheitsbild von 1830 gedeutet).

13 Vgl. die Wiedergabe der Aufschriften bei Toussaint: *La liberté*, S. 11: »Un trompette s'efforçant avant de mourir d'appeler ses compagnons« und »Laissant flotter sa draperie au vent pour appeler ses fils aux armes«.

14 Zwischen die erste und zweite Phase der Werkgenese sind nach meinem Ein-

(2.) Eine zweite intensive Phase der Beschäftigung mit der Idee einer allegorischen Darstellung zum griechischen Befreiungskrieg ist in einem Skizzenbuch dokumentiert, das auch Studien nach antiken Kunstwerken sowie Kopien nach persischen Handschriften enthält.[15] Eine auf der Rückseite von Blatt 10 zu sehende Zeichnung (Abb. 19) greift wesentliche Ideen der früheren Blätter auf und ist dabei den Weimarer Entwürfen besonders nahe. Die Idee, das Schwingen eines Tuches in den Mittelpunkt der Komposition zu stellen, ist möglicherweise auch hier zunächst noch skizziert worden, wurde jedoch im Zuge von Überzeichnungen fallengelassen. Stattdessen scheint sich die zentrale Frauenfigur stärker den vor ihr liegenden und kauernden Menschen zuzuwenden. Eine benachbarte Skizze im selben Buch (Abb. 20) zeigt, näher an die Betrachter herangerückt, eine Variante der Frau mit verzweifelt ausgebreiteten Armen. Auf diese Weise zeichnet sich deutlicher ab, dass sie von liegenden Figuren, möglicherweise ihren Kindern, umgeben ist. Ganz in diesem Sinne notierte Delacroix am oberen Blattrand das entmutigende Stichwort »découragement«. Die Rückseite desselben Blattes führt erneut eine Frau mit kaum veränderter Haltung vor Augen, die sich allerdings durch eine Krone auszeichnet (Abb. 21); möglicherweise handelt es sich um eine Darstellung der Tyche oder Kybele.[16] Weitere Skizzen variieren einzelne Aspekte der von Delacroix umkreisten Bildidee.[17]

Das heroische Moment, das den ersten Entwürfen eigen war, wird in dieser zweiten Gruppe von Skizzen durch einen Ausdruck von Verzweiflung abgelöst, der sich vor allem in der Armhaltung und in der Mimik der Frauenfigur artikuliert. Einzelne Züge erinnern vage an Darstellungen des Bethlehemitischen Kindermords, dem Léon Cogniet im Salon

druck Zeichnungen auf Vorder- und Rückseite eines kürzlich versteigerten Blattes einzuordnen: Eugène Delacroix, *Femme assise repliée sur elle-même et étude de femme debout le bras levé entourée de figures*, Bleistift, Feder in Braun, 22,4 × 32 cm, Auktion Christie's, Paris, 27. März 2019, Los 138.

15 Überzeugend erscheint mir die Datierung des Skizzenbuches in den Zeitraum 1822 bis 1826 bei Sérullaz: *Inventaire général*, Bd. 2, S. 333; und Sérullaz/Pomarède: *Eugène Delacroix. La liberté*, S. 31-33. Für weniger plausibel halte ich die Einordnung bei Toussaint: *La liberté*, S. 13 (»1821 ou 1822«). Vgl. auch Sara Lichtenstein: *Delacroix's Copies after Raphael (II)*, in: The Burlington Magazine 113 (1971), S. 593-603, bes. S. 600, Nr. 20-21; und Claire Constans u. a. (Hg.): *La Grèce en révolte. Delacroix et les peintres français 1815-1848* (Ausst.-Kat. Bordeaux, Musée des Beaux-Arts), Paris 1996, S. 122 f.

16 Vgl. Johnson: *The Paintings*, Bd. 1, S. 70.

17 Vgl. vor allem Louvre, Département des arts graphiques, Inv.-Nr. RF 9145,16 u. 26-28 (= fol. 8r, 13r., 13v u. 14r); abgebildet bei Toussaint: *La liberté*, S. 13-15, Nr. 4 u. 8-10.

von 1824 ein vielbeachtetes Bild widmete (Abb. 46). Die weibliche Allegorie scheint eher um ihre Kinder zu trauern, als sie zum Kampf aufzufordern.

Vor allem mit den ausgebreiteten Armen führt die zentrale Figur dieser Entwürfe auf das Gemälde *Griechenland auf den Ruinen von Missolunghi* (Abb. 11) hin, das ab Mai 1826 in der Pariser Galerie Lebrun im Rahmen einer Ausstellung zu sehen war, deren Ertrag den Griechen zugutekommen sollte (»exposition au profit de Grecs«).[18] Mit diesem Bild setzte Delacroix die Idee einer allegorischen Darstellung Griechenlands, die ihn möglicherweise schon seit 1821 beschäftigt hatte, ebenso konsequent wie ungewöhnlich um. Gegenüber den zuvor entstandenen Zeichnungen wechselte er nun ins Hochformat und vollzog dabei eine weitere wichtige Änderung: Die Dynamik, die in den früheren Skizzen vermuten lässt, dass sich die Frauenfigur auf die Betrachter zubewegt, ist zugunsten eines statischen Verharrens stillgestellt. Für diese neue, deutlich beruhigte Haltung der Allegorie Griechenlands ließ sich Delacroix offenkundig durch einen Kupferstich von Marcantonio Raimondi anregen (Abb. 22).[19] Von der Bewegtheit, die die frühesten zeichnerischen Entwürfe dem späteren Gemälde von 1830 so ähnlich erscheinen lassen, fehlt im Missolunghi-Bild von 1826 jede Spur. Möglicherweise reagierte Delacroix damit auf die jüngste Entwicklung des griechischen Freiheitskampfes, dessen Erfolg nach dem Fall von Missolunghi und vor den entschiedeneren Interventionen europäischer Staaten sehr ungewiss erscheinen musste.

(3.) Von den bisher beschriebenen Gruppen von Skizzen setzt sich eine Reihe von Zeichnungen ab, in denen die Haltung der zentralen weiblichen Figur nochmals signifikant verändert wird. Nun tritt die Frau mit einem in die Höhe gestreckten Arm auf, der einen Stab oder eine Stange greift. Die plausibelste Erklärung für dieses neue Motiv ist die Vermutung, dass Delacroix fortan eine Fahne als Attribut der Allegorie plante. Da Fahnen zuvor in seinen Bildern und Zeichnungen zu einer Allegorie Griechenlands keinen prominenten Platz einnahmen (nur der osmanische Soldat rechts im Hintergrund des Missolunghi-Bildes scheint eine Standarte zu halten), drängt sich ein möglicher Bezug zur Julirevolution 1830 auf. Denn sowohl in Berichten als auch in frühen bildlichen Darstellungen der *Trois Glorieuses* ist die Trikolore allgegenwärtig. Anders als Hélène Toussaint, die Teile der im Folgenden vorzustellenden Entwürfe

18 Zum Gemälde vgl. Johnson: *The Paintings*, Bd. 1, S. 69-71, Nr. 98; Constans u. a.: *La Grèce en révolte*, S. 124, Nr. 29.

19 Vgl. Sara Lichtenstein: *Delacroix and Raphael*. New York 1979, S. 96 f.

noch dem Kontext der griechischen Befreiungskriege zuordnete, scheint es mir daher weitaus wahrscheinlicher, dass sie im Jahr 1830 entstanden und es sich um Skizzen für das Freiheitsbild handelt.

Der Gedanke, der weiblichen Figur eine Fahnenstange in die Hand zu geben, begegnet auf einem Blatt, das ehemals zur Sammlung von Gustave Arosa gehörte und sich heute in Privatbesitz befindet. Vermutlich zeichnete Delacroix zunächst die Variante, in der die Figur nach rechts hin ausgerichtet ist und dadurch die Stange mit dem in der Regel schwächeren linken Arm stemmen muss (Abb. 23). Die Rückseite dieses Papiers nutzte er dann, um die Umrisse der Frau seitenverkehrt zu wiederholen (Abb. 24). Dass diese Variante der weiblichen Hauptfigur bereits als Vorarbeit für die *Liberté* zu verstehen ist, legt eine weitere Skizze nahe, in der die nun gefundene Lösung nochmals abgewandelt ist (Abb. 25). Denn rechts unter dieser Frau umriss Delacroix mit wenigen Strichen eine frühe Version jenes Knaben, der später im Gemälde mit zwei Pistolen auf die Betrachter zuläuft.[20] Nachdem Delacroix auf diese Weise die Gestalt der Allegorie modifiziert hatte, bettete er sie in einen Kontext ein, der an die zeichnerischen Entwürfe der frühen 1820er Jahre erinnert. Ein erneut aus der Sammlung Arosa stammendes, in Privatbesitz befindliches Blatt (Abb. 26) stellt um die Frau herum liegende und kauernde Figuren dar. Diese Komposition übertrug Delacroix schließlich in eine Ölskizze (Abb. 27), die vor allem mit der zu Füßen der Frau liegenden Figur unmittelbar an die zuletzt erwähnte Zeichnung anknüpft.[21] In beiden Fällen wird der Kopf der auf der Seite liegenden Figur auf nahezu identische Weise partiell vom angewinkelten rechten

20 Toussaint (*La liberté*, S. 18) hat die Frauengruppe, die auf der rechten Hälfte des Blattes zu sehen ist, als Darstellung souliotischer Frauen gedeutet, die im Jahr 1803 angesichts eines Hinterhalts osmanischer Truppen einen kollektiven Suizid verübten. Doch ist diese Interpretation keineswegs zwingend, wie bereits die gänzlich andersartige Beschreibung bei Maurice und Arlette Sérullaz (*Dessins inédits de Delacroix*, S. 59) zeigt (»groupe de personnages assis ou debout, en conversation, et deux putti«). Zudem ist diese Figurengruppe zeichnerisch erkennbar anders ausgearbeitet, so dass sie keineswegs zusammen mit den anderen Figuren auf dem Blatt eine thematische Einheit bilden muss.

21 Die Autorschaft der Ölskizze war früher umstritten. Für Delacroix als Autor votierte bereits Toussaint (*La liberté*, S. 25 f.); vgl. zudem die u. a. von Lee Johnson (*The Paintings*, Bd. 6, S. 195 f., Nr. 144) vorgebrachten Argumente. Vgl. ferner den Auktionskatalog von Christie's: *19th Century European and Orientalist Art*. London, 14. Dezember 2017, Los 8. – Bisher wurde, soweit ich sehe, nicht bemerkt, dass die Ölskizze bis in einzelne Figuren hinein die gerade erwähnte Zeichnung (Abb. 26) aufgreift.

Arm verdeckt. Der Blick auf die Ölskizze bekräftigt daher die Vermutung, dass der Stab auch in den etwas früheren Skizzen als Fahnenstange dienen sollte und dass diese Entwürfe bereits in die zweite Hälfte des Jahres 1830 fallen.

Mit der Ölskizze waren meines Erachtens wesentliche Entscheidungen für die Komposition des Bildes *La liberté guidant le peuple* gefallen: Im Zentrum des Querformates sollte eine weibliche Figur mit der Trikolore stehen, die von einem Getümmel dicht gedrängter Menschen umringt wird. Bereits jetzt war geplant, dass am unteren Bildrand Liegende, vermutlich Gefallene, zu sehen sind. Die zentrale Figur überragt das weitere Personal deutlich, so dass der Weg zur später klarer herausgearbeiteten pyramidalen Komposition vorgezeichnet ist. Zugleich ist schon gut erkennbar, dass sich die Allegorie der Freiheit entschieden und rasch auf die Betrachter zubewegen soll.

Nachdem Delacroix diesen Reflexionsstand erreicht hatte, dürfte er sich der präziseren Vorbereitung einzelner Figuren und Details zugewandt haben. Drei erhaltene Zeichnungen führen vor Augen, wie er nochmals an der Figur der *Liberté* arbeitete und über die Draperie (Abb. 28) sowie die Körperhaltung (Abb. 29) nachdachte. Die dabei festgehaltenen Überlegungen (Abb. 30) werden auf einem weiteren Blatt (Abb. 31) modifiziert, auf dem überdies andere Details des späteren Gemäldes vorbereitet werden: der visierende Gewehrschütze, der im Hintergrund links neben der *Liberté* seinen Platz finden wird, und der gestreckte Säbel direkt neben ihm.

Zahlreiche weitere Skizzen und Studienzeichnungen, die zweifelsfrei erst im Vorfeld des Freiheitsbildes entstanden sind, wirken auf den ersten Blick wenig überraschend. Sie zeugen von einer gewissenhaften und gezielten Vorbereitung des ambitionierten Gemäldes, zu der – insbesondere in der Tradition der französischen Historienmalerei – auch ein präzises Studium signifikanter Details gehörte. Ganz in diesem Sinne skizzierte Delacroix ganze Figuren (Abb. 32) und arbeitete an Studienzeichnungen zu einzelnen Körperpartien oder Draperien (Abb. 33). Doch sind auch diese Blätter für das Verständnis des Gemäldes von Interesse. Denn mit ihnen lässt sich an einzelnen Beispielen nachvollziehen, wie sich die Figuren, die um die Allegorie der Freiheit gruppiert werden, nach und nach ausdifferenzieren, um spezifischere Züge anzunehmen.

Besonders eingehend hat sich Delacroix mit der Figur des auf dem Rücken liegenden Gefallenen befasst, die schließlich vorne rechts in das Bild integriert werden sollte. Eine lavierte Federzeichnung des Metropolitan Museums in New York (Abb. 34) könnte eine erste Idee dieser

Figur dokumentieren.[22] Die Figur im Zentrum des Blattes weist bereits jene Haltung der Beine und das Detailmotiv der geöffneten Hose auf, die sich später auch im Gemälde wiederfinden. Nahezu identisch begegnet derselbe Liegende auf einer weiteren Zeichnung des Louvre (Abb. 35). In beiden Fällen lässt die Figur am ehesten an einen Jugendlichen aus der einfachen Bevölkerung denken, der wenig anspruchsvoll gekleidet zu sein scheint und dessen schlichte Mütze vom Kopf auf den Boden gefallen ist. Nichts weist in diesen Skizzen auf die Uniform hin, die die Figur im Gemälde als Soldaten der *Garde royale* kennzeichnen wird. Die militärische Bekleidung deutet sich indes in einer Bleistiftzeichnung aus der ehemaligen Arosa-Sammlung (Abb. 36) an, die auch insofern dem Gemälde näherkommt, als hier das Gesicht des Gefallenen bereits zu den Betrachtern hingewendet ist. Delacroix scheint mithin eine durchaus radikale Umwertung der Figur vorgenommen zu haben: Während er zunächst höchstwahrscheinlich ein Opfer aus den Reihen der Revolutionäre skizzierte, transformierte er die Figur im weiteren Verlauf des Arbeitsprozesses in einen gefallenen königlichen Soldaten. Dabei beschränkte er sich freilich nicht darauf, dem Liegenden ein halbwegs überzeugendes soldatisches Aussehen zu geben. Vielmehr widmete er dem genauen Erscheinungsbild der Uniform bemerkenswert viel Aufmerksamkeit, wie eine weitere Zeichnung im Louvre veranschaulicht (Abb. 37). Sie führt den Blick bis auf Details des Stoffbesatzes und versieht die Umrisse mit Farbbezeichnungen, um die Uniform möglichst getreu und präzise im Gemälde wiedergeben zu können.

Mit dieser Detaillierung und Spezifizierung, die sich an den späten zeichnerischen Studien nachvollziehen lässt, änderte sich das ästhetische Kalkül des gesamten Gemäldes. Während die Kompositionsskizzen eine klare Ordnung des Bildes etablieren und eine Fokussierung des Blicks nahelegen, kommen mit den Detailstudien Informationen ins Bild, die eine Streuung der Aufmerksamkeit, ein schweifendes Sehen und eine zeitliche Dehnung der Betrachtung begünstigen. Und wo die Entwürfe zur Gesamtkomposition oder zur zentralen Figur zunächst die Allegorie mit ihrer Tendenz zur Verallgemeinerung über ein einzelnes historisches Ereignis hinaus exponieren, haben die späteren Studien eine Anreicherung der Darstellung mit historischer Konkretheit zur Folge. Es ist nun nicht mehr bloß ein Getümmel zahlreicher Menschen, das sich um die *Liberté* bildet. Vielmehr wird in den Studien der Gedanke vorbereitet,

22 Vgl. Ashley E. Dunn: *Delacroix Drawings. The Karen B. Cohen Collection* (Ausst.-Kat. New York, Metropolitan Museum). New Haven (CT) 2018, S. 35 f. u. S. 160, Nr. 44.

dass an der Barrikade sehr unterschiedliche Individuen zusammenkommen, die bei der Bildrezeption je für sich zu würdigen sind.

Der Nachvollzug der Werkgenese macht darauf aufmerksam, dass die zuvor beobachteten Spannungen keineswegs zufälliger Natur sind, sondern bereits in den späten Zeichnungen an Schärfe gewinnen. Wenn sich einerseits der Titel »Le 28 juillet« auf einen konkreten Moment bezieht, andererseits aber der erläuternde Zusatz »La liberté guidant le peuple« eine weit über den spezifischen historischen Augenblick hinaus wirksame Idee ins Spiel bringt,[23] so zeichnen sich im Bild selbst Konflikte ab, die in den zeichnerischen Vorarbeiten angelegt sind. Gustave Planche hatte auch in dieser Hinsicht gute Gründe, das vollendete Gemälde für ein Werk zu halten, das einer ausgesprochen langen Betrachtung bedarf.

23 Vgl. Allard/Fabre: *Delacroix*, S. 105.

VIII. Ambivalente Anleihen

Eng verbunden mit der Werkgenese ist die Frage, ob Delacroix bei der Konzeption seines Gemäldes oder einzelner Figuren Anregungen aus anderen Kunstwerken aufgriff und verarbeitete. Bereits mit der *Dantebarke*, seinem ersten, im Salon von 1822 präsentierten Hauptwerk, hatte der Maler geradezu programmatisch vor Augen geführt, dass er in kunsthistorischen Bezügen dachte und sich gezielt in Traditionen einschrieb: Die Aktfiguren knüpften an gewagte Figurenerfindungen von Michelangelo an, und sowohl die Malweise im Ganzen als auch Details wie die farbigen Wassertropfen orientierten sich unverkennbar an Rubens.[1] Zeitgenössische Kritiker, darunter Adolphe Thiers, haben diese Anleihen sogleich erkannt.[2] Delacroix führte sich in die Pariser Kunstszene als ein Maler ein, der sich an den größten Leistungen der älteren, aber auch neueren Kunst messen lassen wollte.

Es ist daher nur folgerichtig, dass die Delacroix-Forschung nach möglichen Anregungen für das Revolutionsgemälde von 1830 gefragt und zahlreiche Vorschläge zusammengetragen hat. So erwog man, ob die Entscheidung, eine Frau in das Zentrum des Geschehens auf der Barrikade zu stellen, die Kenntnis des Gemäldes *Jeanne Hachette bei der Belagerung von Beauvais im Jahr 1472* voraussetzen könnte, mit dem Jean Jacques François Le Barbier im Salon von 1781 hervorgetreten war.[3] Das im Zweiten Weltkrieg bei einem Brand zerstörte Bild befand sich im 19. Jahrhundert im Rathaus von Beauvais und war damit für Delacroix eine erreichbare, aber nicht gerade naheliegende Referenz. Möglicherweise im Gefolge von Le Barbiers großformatigem Werk kamen allerdings auch Druckgraphiken auf den Markt, die dieselbe Szene in ähnlicher

1 Vgl. etwa James H. Rubin: *Eugène Delacroix: Die Dantebarke. Idealismus und Modernität.* Frankfurt am Main 1987, bes. S. 5-32; Sébastien Allard: *›Dante et Virgile aux Enfers‹ d'Eugène Delacroix* (Ausst.-Kat. Paris, Musée du Louvre). Paris 2004; oder Michael Thimann: *Eugene Delacroix: Die Dantebarke. Ein Denkbild der Romantik*, in: Franziska Meier (Hg.): *Dante-Rezeption nach 1800.* Würzburg 2018, S. 49-63.

2 Adolphe Thiers: *Salon de 1822 (5ᵉ article)*, in: Le Constitutionnel, Nr. 131, 11.5.1822, S. 3 f., hier S. 4: »Il jette ses figures, les groupe, les plie à volonté avec la hardiesse de Michel-Ange et la fécondité de Rubens; je ne sais quel souvenir des grands artistes me saisit à l'aspect de ce tableau.«

3 Vgl. etwa Toussaint: *La liberté*, S. 36-38; zum Gemälde Le Barbiers vgl. Michel Jacq-Hergoualc'h: *Jean-Jacques François Le Barbier l'aîné*, in: Revue de l'art 176 (2012), S. 51-62, bes. S. 55.

Weise zeigten. Eine Radierung nach einer Vorlage von Clément-Pierre Marillier (Abb. 38)[4] stellt – wie zuvor das Gemälde von Le Barbier – eine dichte Kampfszene an der Stadtmauer von Beauvais dar, in der die mit einem Handbeil bewaffnete Jeanne Hachette Seite an Seite mit einer weiblichen Allegorie erscheint, die ein großes Banner trägt. Sofern Delacroix eines dieser Bilder kannte, könnte er in seiner Figur der *Liberté* zusammengeführt haben, was bei Le Barbier und Marillier noch getrennt erschien: ein konkretes Individuum und eine weibliche Allegorie. Doch ist die Vermutung, dass Delacroix sich an einer Darstellung der Jeanne Hachette orientierte, keineswegs zwingend. Der Blick auf die Werkgenese legt eher die Schlussfolgerung nahe, dass er die Allegorie der *Liberté* ausgehend von früheren Überlegungen zu einer Allegorie Griechenlands entwickelte, die wiederum kaum Berührungspunkte mit der Heldin aus Beauvais aufgewiesen hätte. Angesichts der engen Verwandtschaft der *Liberté* mit der Griechenland-Allegorie des Missolunghi-Bildes bedarf es der Darstellungen der Jeanne Hachette nicht mehr, um Delacroix' *allégorie réelle* von 1830 herzuleiten.

Etwas plausibler erscheint mir daher eine andere mögliche bildliche Anregung, die – soweit ich sehe – bisher nicht in der Forschung diskutiert wurde: die Lithographie *Le Vengeur*, die Charles Philibert de Lasteyrie 1819 nach einer Vorlage von Ary Scheffer schuf (Abb. 39)[5]. Sie zeigt eine Szene aus den ersten Koalitionskriegen, als die französische Flotte versuchte, eine Blockade ihrer Seehäfen aufzubrechen. Bei der Seeschlacht gegen die Briten verloren die Franzosen am 1. Juni 1794 ein Schiff, das erst wenige Monate zuvor auf den sprechenden Namen *Le Vengeur-du-peuple*, »der Rächer des Volkes«, umgetauft worden war. Um die Ereignisse rankten sich rasch Legenden, denen zufolge die Besatzung den sicheren Untergang gewählt und »Vive la patrie, vive la république!« gerufen hätte, statt sich den Feinden zu ergeben. Scheffer griff diesen Mythos vermutlich 1817 auf,[6] also ausgerechnet in den Jahren der Restauration, als weder die Erinnerung an die Zeit der Französischen Revo-

4 Für die zeichnerische Vorlage vgl. Paul Mironneau u. a.: *Avec panache. Dessins des collections du Château de Pau* (Ausst.-Kat. Pau, Musée national du Château de Pau). Paris 2007, S. 37 f.

5 Vgl. Werner Hofmann (Hg.): *Goya. Das Zeitalter der Revolutionen. 1789-1830* (Ausst.-Kat. Hamburger Kunsthalle). München 1980, S. 519; sowie Robert Verhoogt: *Art in Reproduction. Nineteenth-Century Prints after Lawrence Alma-Tadema, Jozef Israëls and Ary Scheffer*. Amsterdam 2007, S. 284 f. – Zur Datierung vgl. *Bibliographie de la France ou Journal général de l'imprimerie et de la librairie* 8 (1819), Nr. 1, S. 13 (dort Nr. 12).

6 Vgl. Harriet Grote: *Memoir of the Life of Ary Scheffer*. London 1860, S. 160.

lution noch der Ruf »Vive la république!« politisch opportun waren. Die Scheffers Bild reproduzierende Lithographie kombiniert eine fahnenschwingende Hauptfigur, weitere kampfbereite Männer und mindestens ein am Boden liegendes Opfer auf eine ähnliche Weise wie später Delacroix' *Liberté*. Zudem lädt es durch seine Anlage dazu ein, den am unteren Bildrand zu lesenden Bildtitel »Le Vengeur« auch auf die exponierte männliche Hauptfigur zu beziehen, so dass bereits in diesem Fall eine latente Transformation eines namenlosen Individuums in eine Allegorie angelegt war. Mit dem Hinweis auf diese Parallelen soll nicht behauptet werden, dass sich Delacroix gezielt an Scheffers *Le Vengeur* orientierte. Die Lithographie steht vielmehr exemplarisch für ein heute kaum mehr eingrenzbares Repertoire an Bildern, aus dem Delacroix Anregungen bezogen haben könnte, um sie eigenständig zu transformieren.

Es muss daher nicht erstaunen, dass sich die Forschung nicht auf ein Bild hat einigen können, das Delacroix bei der Arbeit an seinem Gemälde im Blick gehabt haben könnte. Das Spektrum der möglichen Vorbilder, Vorlagen, Ausgangs- und Orientierungspunkte, die bisher allein für die Hauptfigur zur Diskussion gestellt wurden, ist denkbar weit. Es reicht von antiken Skulpturen, etwa der Venus von Milo oder Standbildern der Victoria, über den Engel in Raffaels Fresko der *Befreiung Petri* und Allegorien der Victoria in Rubens' *Apotheose Heinrichs IV.* oder Philippe de Champaignes *Krönung Ludwigs XIII. mit dem Siegeslorbeer* bis zu Figuren der Iris oder der Aurora in prominenten Gemälden von Delacroix' Lehrer Pierre-Narcisse Guérin.[7] Werner Hofmann hat zudem vorgeschlagen, in Delacroix' Entwürfen zur frühen *Vierge du Sacré-Cœur* (Abb. 40) eine wichtige Vorstufe der *Liberté* zu erkennen, und diese Mariendarstellung wiederum aus einer Reihe älterer Bilder im Spannungsfeld von Religion und Politik (*ecclesia militans*, Victoria, Mi-

7 Hinweise auf Skulpturen der Antike finden sich u. a. bei Hamilton: *The Iconographical Origins*, S. 66; Johnson: *The Paintings*, Bd. 1, S. 148; sowie Floetemeyer: *Delacroix' Bild des Menschen*, S. 56 u. S. 86. Der Vergleich mit Raffaels Engelsfigur wurde vorgeschlagen von Toussaint: *La liberté*, S. 46. Für die mutmaßliche Orientierung an Rubens oder Champaigne vgl. Philippe Jullian: *Delacroix*. Paris 1963, S. 102; sowie Floetemeyer: *Delacroix' Bild des Menschen*, S. 86-89. Für den Rekurs auf Guérin vgl. Sixten Ringbom: *Guérin, Delacroix and ›The Liberty‹*, in: Burlington Magazine 110 (1968), S. 270-274. – Damit ist das Repertoire der Vorschläge nicht annähernd erschöpft; vgl. insbes. Lichtenstein: *Delacroix and Raphael*, S. 97 f.; Clark: *Der absolute Bourgeois*, S. 23; Marrinan: *Painting Politics*, S. 69-76; Hadjinicolaou: *Die Freiheit*, S. 111-126; Traeger: *L'épiphanie de la Liberté*; sowie Rohlmann: *Delacroix' ›Liberté‹*, S. 244, Anm. 41.

nerva/Bellona u. a.) abgeleitet.[8] Die Haltung des Knaben mit den beiden Pistolen sah Hélène Toussaint durch Giambolognas *Merkur* vorgeprägt, und der halb entkleidete Gefallene links unten im Bild erinnere, so ebenfalls Toussaint, an etablierte ikonographische Muster der Darstellung Hektors.[9]

Doch was wäre gewonnen, wenn man präziser eingrenzen könnte, welche bildlichen Anregungen ihren Niederschlag in Delacroix' Gemälde gefunden haben? Wären sie vorrangig für das Verständnis der Werkgenese von Interesse, oder müssten sie auch in die eigentliche Interpretation einbezogen werden? Legte Delacroix es darauf an, dass einzelne frühere Figuren- oder Bilderfindungen von den Betrachtern – oder zumindest einem Teil des Publikums – bewusst wahrgenommen wurden, oder setzte er darauf, dass sie eher unerkannt an der Wirkung des eigenen Gemäldes teilhatten? Selbst wenn man sich für die erste Option entscheidet, ist keineswegs klar, welche interpretatorischen Folgerungen zu ziehen sind. Figurenzitate und kompositorische Anleihen können dazu dienen, ein Bild in Traditionen zu stellen und ein bestimmtes Niveau zu beanspruchen; sie können aber ebenso auf eine sehr spezifische Weise den Sinn von Motiven bereichern oder gar subversiv abwandeln.

Die Delacroix-Forschung scheint überwiegend davon auszugehen, dass Delacroix sich selbst mit Anleihen und Allusionen in der Kunstgeschichte verorten und seinen Anspruch als ambitionierter Historienmaler unterstreichen wollte. In einigen Fällen sind Kunsthistoriker bei der Ausdeutung von Zitaten weitergegangen: Werner Hofmann zog etwa aus mutmaßlichen Referenzen auf ältere Bildtraditionen den Schluss, dass Delacroix mit seiner *Liberté* den Typus einer messianischen Frauenfigur herausbilde, die den Überzeugungen der Saint-Simonisten nahestehe.[10] Michael Rohlmann hielt ein von ihm (re-)konstruiertes Netz von Bezugnahmen auf andere Bilder sogar für das heimliche Zentrum von Delacroix' Gemälde. Der Maler habe in das Freiheitsbild gezielt Verweise auf eigene und fremde Werke integriert, die ihrerseits Bezüge zu den Bourbonen und zur Restauration aufweisen, um die Verhältnisse der Jahre vor 1830 einer subversiven Revision zu unterziehen. Auf diese Weise habe er Bildern, deren Wirkung durch die Zeit der Restauration beeinträchtigt gewesen sei, zu neuer Sichtbarkeit verholfen und sie ›befreit‹.[11] Doch vermag diese allzu voraussetzungsreiche Interpretation nicht zu

8 Vgl. Hofmann: *Sur la ›Liberté‹*.

9 Vgl. Toussaint: *La liberté*, S. 48 u. S. 50.

10 Vgl. Hofmann: *Sur la ›Liberté‹*, bes. S. 67 f.

11 Vgl. Rohlmann: *Delacroix' ›Liberté‹*, S. 239 und öfter.

überzeugen, da viele der von Rohlmann angeführten Anleihen alles andere als zwingend sind. Und überhaupt: Warum sollte das Zitat von Motiven aus einem anderen Bild dessen ›Befreiung‹ zur Folge haben?

Der Nutzen des Nachvollzugs möglicher bildlicher Anregungen und Filiationen liegt mithin keineswegs auf der Hand. Dennoch seien drei Fälle näher betrachtet, aus denen sich mit einiger Vorsicht Folgerungen für die Interpretation des Freiheitsbildes ziehen lassen. Zu den wenigen Bildern, über deren Bedeutung für Delacroix' Gemälde in der Forschung Konsens herrscht, gehört Théodore Géricaults *Floß der Medusa* (Abb. 41). Delacroix war Géricault bis zu dessen frühem Tod eng verbunden und hatte auch das Entstehen des großformatigen Hauptwerks verfolgen können, zumal er für die auf dem Bauch liegende Figur im Vordergrund als Modell gedient haben soll.[12] Die Parallelen zum eigenen Bild von 1830 sind unübersehbar: In beiden Fällen wird ein erst jüngst vergangenes Ereignis gezeigt; beide Bilder berühren zudem politische Fragen. Zugleich stellen sie sich in die lange französische Tradition ambitionierter großformatiger Historiengemälde und variieren zu diesem Zweck eine pyramidale Bildkomposition, die in einem optischen Signal – hier ein rotweißes Tuch, dort die Trikolore – gipfelt. Géricault scheut ebenso wenig wie später Delacroix die ungeschönte Darstellung von Leichen.[13] Gemeinsam ist beiden Bildern auch, dass sie damit spielen, ein wichtiges Motiv äußerst klein und kaum mehr mit dem bloßen Auge erkennbar in der rechten Peripherie zu zeigen. Géricault platziert auf dem Horizont des Meeres ein Schiff, das den Überlebenden auf dem Floß Rettung verheißt, und Delacroix stellt an ähnlich marginaler Stelle dar, wie auf einem der Türme von Notre-Dame die Trikolore, das Zeichen der Aufständischen, gehisst wird.

Géricaults *Floß der Medusa* war als eine Anklage der restaurativen Regierung verstanden worden, die einen alten Marineoffizier, der 1790 aus royalistischer Gesinnung vor der Französischen Revolution geflohen war, trotz seiner Unerfahrenheit mit dem Kommando der Fregatte Medusa betraut hatte.[14] Der Kapitän Hugues Duroy de Chaumareys navigierte

12 Vgl. Eugène Delacroix: *Journal*, hg. von Michèle Hannoosh, 2 Bde. Paris 2009, Bd. 1, S. 139 (11. April 1824); ferner Ralph Ubl: *Eugène Delacroix. Das Detail des Anderen*, in: Edith Futscher u. a. (Hg.): *Was aus dem Bild fällt. Figuren des Details in Kunst und Literatur. Friedrich Teja Bach zum 60. Geburtstag*. München 2007, S. 349-369, bes. S. 349-353 u. S. 362-366.

13 Vgl. Johnson: *The Paintings*, Bd. 1, S. 147, der sogar die Adaption einer Figur von Géricault in Delacroix' Bild zu beobachten meint.

14 Die hier skizzierte, verbreitete Sichtweise auf Géricaults Gemälde bleibt unvermeidlich oberflächlich und beschränkt sich auf eine Bilddeutung, die Delacroix bei seinen Zeitgenossen vermuten konnte. Für eine differenziertere und subtilere

sein Schiff am 2. Juli 1816 auf eine Sandbank und ließ anschließend einen großen Teil der Besatzung auf einem nicht manövrierbaren, improvisierten Floß allein auf dem Meer zurück, um sich selbst mit einem der wenigen Rettungsboote in Sicherheit zu bringen. Die subversive Brisanz von Géricaults Gemälde äußert sich auch darin, dass es im Salon des Jahres 1819 unter dem unverfänglichen Titel *Scène de naufrage* präsentiert wurde, um nicht allzu demonstrativ an den für den König wenig ruhmreichen Schiffbruch zu erinnern. Dennoch blieben das eigentliche Sujet und die mit ihm verbundene politische Stellungnahme weder dem Publikum noch der Kunstkritik verborgen, so dass das Werk sowohl in ästhetischer als auch in politischer Hinsicht polarisierte.

Delacroix' *La liberté guidant le peuple* trägt, so könnte man vermuten, den Impuls von Géricaults *Floß der Medusa* unter veränderten Bedingungen weiter. Es scheint triumphal vor Augen zu führen, dass das Regime der Restauration, das Géricault mit seinem Gemälde auf Umwegen kritisiert hatte, inzwischen überwunden ist. Allerdings könnten sich jene Besucher des Salons von 1831, die sich an Géricaults Auftritt 1819 erinnerten, die Frage gestellt haben, ob dem Gemälde von Delacroix bei aller vermeintlichen Klarheit der Botschaft nicht ebenfalls ein subversiver Zug eigen ist. Der Rückbezug auf das *Floß der Medusa* bietet nämlich durchaus Anlass, um allzu glatte Deutungen des Revolutionsbildes zu verunsichern. Während Géricaults Bild ja nicht zuletzt als ein Plädoyer für den Wert eines jeden Menschenlebens verstanden werden konnte, scheint Delacroix' *Liberté* mit ihrem Gefolge achtlos über die Opfer der Revolution hinwegzustürmen. War damit der Kritik genüge getan, für die Géricaults *Floß der Medusa* zu stehen schien?

Die schonungslose Darstellung der Leichen in Delacroix' *La liberté guidant le peuple* führt zu einem weiteren bekannten Gemälde, das in der Forschung häufig als mögliche Anregung angeführt wird: Antoine-Jean Gros' Darstellung von *Napoleon auf dem Schlachtfeld bei Eylau* (Abb. 42) – ein Werk, das Delacroix sehr schätzte.[15] Bereits bei Gros finden sich im unteren Bereich seines großformatigen Gemäldes Darstellungen von Ge-

Interpretation vgl. Darcy Grimaldo Grigsby: *Extremities. Painting Empire in Post-Revolutionary France*. New Haven (CT) 2002, S. 165-235.

15 Vgl. Eugène Delacroix: *Gros* [1848], in ders.: *Œuvres littéraires. I. Etudes esthétiques. II. Essais sur les artistes célèbres*, hg. von Élie Faure, 2 Bde. Paris 1923, Bd. 2, S. 163-200, bes. S. 183 f.; ferner Gaudibert: *Eugène Delacroix*, S. 12 f.; sowie Rohlmann: *Delacroix' ›Liberté‹*, S. 227. – Aus der Vielzahl der Beiträge, die in Delacroix' Freiheitsbild Anleihen bei Gros vermuten, seien stellvertretend genannt: Toussaint: *La liberté*, S. 49; Marrinan: *Painting Politics*, S. 70 f.; sowie Rohlmann: *Delacroix' ›Liberté‹*, S. 227-229.

fallenen, die den Betrachtern unangenehm nahe rücken. Delacroix könnte außerdem der zentralen Szene mit dem reitenden Napoleon besondere Aufmerksamkeit geschenkt haben. Denn hier begegnet mit dem verwundeten gegnerischen Soldaten, der vor dem Pferd niederkniet und sich an den französischen Kaiser wendet, eine Figur, deren Haltung die des jungen Mannes mit Kopftuch zu Füßen der *Liberté* vorwegzunehmen scheint. Daraus muss keineswegs zwangsläufig gefolgert werden, dass Delacroix die Betrachter seines Bildes gezielt an Gros' Schlachtengemälde erinnern wollte. Gegen diese Hypothese spricht zumindest der Umstand, dass Gros' Bild das Schicksal vieler Hauptwerke des Napoleon-Kultes erlitten hatte und in der Zeit der Restauration aus der Öffentlichkeit verschwunden war, um in ein Depot verbracht zu werden.[16] Erst im Oktober 1830, also zu einem Zeitpunkt, als Delacroix vermutlich bereits an seinem eigenen Gemälde arbeitete, konnte es im Rahmen der *Exposition au profit des blessés des journées de juillet 1830*, die im Musée du Luxembourg eingerichtet wurde, wieder öffentliche Aufmerksamkeit auf sich ziehen.[17] Es ist daher gut möglich, dass sich dem zeitgenössischen Publikum beim Blick auf den Verwundeten mit Kopftuch eher andere Assoziationen aufgedrängt haben. Gros wie Delacroix könnten für die markante Figur, die zu Napoleon bzw. zur *Liberté* emporschaut, an ein älteres Figurenmuster der christlichen Ikonographie, genauer: an Darstellungen der Anbetung der Hirten, gedacht haben. Hirten, die ähnlich ungelenk kriechend ihre demütige Unterwerfung beglaubigen, finden sich beispielsweise in Gemälden Nicolas Poussins (Abb. 13) oder Charles Le Bruns.[18]

16 Vgl. Marie-Claude Chaudonneret: *L'état et les artistes. De la Restauration à la monarchie de Juillet (1815-1833)*. Paris 1999, S. 38 f. u. S. 111; Rohlmann: *Delacroix' ›Liberté‹*, S. 229; Sébastien Allard und Marie-Claude Chaudonneret: *Le suicide de Gros. Les peintres de l'Empire et la génération romantique*. Montreuil 2010, S. 55. – Exemplarisch ist ein Schreiben von Auguste de Forbin vom 11. Juli 1821, in dem er den Zustand von Gros' Gemälde und weiteren napoleonischen Schlachtenbildern im Depot beklagt; auszugsweise zitiert im Katalog zur Auktion von Ader, Paris, 14. Juni 2012, S. 27, Los 97. In den vor 1830 erschienenen Katalogen des Musée du Luxembourg findet sich kein Hinweis auf Gros' Eylau-Bild; konsultiert wurden die Ausgaben der Jahre 1819, 1820, 1822, 1824 und 1828 der *Explication des ouvrages de peinture et sculpture de l'école moderne de France […]*.

17 Vgl. *Explication des ouvrages de peinture, sculpture, architecture, gravure, dessins et lithographies exposés dans la galerie de la Chambre des pairs, au profit des blessés des 27, 28 et 29 juillet 1830*. Paris 1830, S. 18 f., Nr. 109.

18 Vgl. etwa Charles Le Brun, *Anbetung der Hirten*, 1689, Öl auf Leinwand, 151 × 215 cm, Paris, Musée du Louvre, Inv.-Nr. 2879. Vgl. ferner Louis de Boullogne d. Ä., *Anbetung der Hirten*, 1693, Öl auf Leinwand, 369 × 213 cm, Chantilly, Eglise Notre-Dame de l'Assomption.

Die genannten denkbaren Anleihen – die Ikonographie der Anbetung der Hirten ebenso wie Gros' Inszenierung von Napoleon – rufen jedoch irritierende Konnotationen auf. Denn beide möglichen Vorbilder stellen Gesten der Ergebung vor Augen, mit denen sich Vertreter des einfachen Volkes der Gnade weitaus mächtigerer Instanzen unterstellen. Im ersten Fall nähern sich die Hirten erkennbar demütig und devot dem neugeborenen Gottessohn; im anderen Fall, bei Gros, fleht ein Soldat der unterlegenen Streitmacht beim siegreichen Napoleon um Hilfe und erneuert dabei möglicherweise sogar die vorrevolutionäre Vorstellung vom König als Thaumaturgen.[19] Solche religiösen, monarchischen und charismatischen Assoziationen führen freilich weit von den Anliegen der Julirevolution weg, der zufolge Freiheit als Recht und nicht als herrscherlicher oder göttlicher Gnadenerweis gilt. Das Motiv der kriechenden Figur mit der Kopfbinde macht daher auf ein grundsätzliches Problem aufmerksam: Wie kann sich in Delacroix' Bild die Freiheit überhaupt Bahn brechen, wenn ihre allegorische Verkörperung offenkundig Unterwerfung, Gefolgschaft und Verehrung einfordert?

Ein dritter möglicher Referenzkontext verdient Aufmerksamkeit, wenngleich er meines Wissens in der bisherigen Forschung übersehen wurde. Im Lichte der reichen Tradition der Historienmalerei muss Delacroix' Entscheidung, die zentrale Figur des Bildes direkt auf die Betrachter zulaufen zu lassen, als besonders ungewöhnlich und gewagt gelten.[20] Diese Konstellation ist allerdings durch einen berühmten Kupferstich vorbereitet, den Delacroix nachweislich kannte: die Darstellung des Bethlehemitischen Kindermords, die Marcantonio Raimondi nach einer Vorlage Raffaels gestochen hat (Abb. 44). Spätestens seit 1824 war Delacroix mit dieser Druckgraphik gut vertraut, da er im April dieses Jahres selbst ein Exemplar (vermutlich eine spätere Kopie nach Raimondis Stich) erwarb.[21] Zudem sind zwei Zeichnungen überliefert, mit denen Delacroix eine Figur aus der gewaltsamen biblischen Szene wiederholte und näher studierte (Abb. 45).[22]

19 Zur These, dass Napoleon in Gros' früherem Gemälde *Bonaparte visitant les pestiférés de Jaffa* (1804) wie ein *roi thaumaturge* in Erscheinung tritt, vgl. Werner Telesko: *Napoleon Bonaparte. Der »moderne Held« und die bildende Kunst 1799-1815*. Wien 1998, S. 200 f.

20 Vgl. Kemp: *Der Anteil des Betrachters*, S. 54, der nur in der zentralen Figur des *Nestausnehmers* von Pieter Brueghel d. Ä. einen annähernd ähnlichen Fall sieht.

21 Vgl. Delacroix/Hannoosh: *Journal*, Bd. 1, S. 145 (21. April 1824).

22 Vgl. Sérullaz: *Inventaire général*, Bd. 2, S. 284-286, Nr. 1743, fol. 44r.; sowie ebd., Bd. 2, S. 32, Nr. 1281v (= Louvre, Inv.-Nr. RF 10338 verso). Zu den Studienzeichnungen vgl. Sara Lichtenstein: *Delacroix's Copies after Raphael (I)*, in: Burlington Magazine 113 (1971), S. 525-533, hier S. 532 f.; sowie vor allem Lichtenstein: *Delacroix's Copies after Raphael (II)*, S. 600, Nr. 17-18.

Vielleicht war Delacroix durch Léon Cogniet, einen weiteren ehemaligen Schüler Guérins, auf die Druckgraphik aufmerksam geworden. Denn bevor er am 21. April 1824 den Kauf des Blattes in seinem Journal festhält, vermerkt er für denselben Tag eine Begegnung mit Cogniet, der wiederum wenige Monate später im Salon ein Bild des Bethlehemitischen Kindermords (Abb. 46) ausstellen sollte. Die Arbeiten an diesem Bild müssen im April schon weit vorangeschritten gewesen sein und lassen Anleihen bei Raimondis Stich erkennen.

Cogniets Gemälde zeugt davon, dass der Maler bemerkt hatte, welche Figur des wohl um 1512/13 entstandenen Kupferstiches besonders gewagt und innovativ war: Im Zentrum des erschütternden Geschehens zeigen Raffael und Raimondi eine Mutter, die ihr Kleinkind an sich presst und mit geöffnetem Mund entschieden und direkt in die Richtung der Betrachter läuft. Indem sie die Betrachter direkt adressiert, spitzt sie das Massaker zu einer Szene zu, die uns unmittelbar und unausweichlich angeht. Dieselbe Figur muss das Interesse von Delacroix geweckt haben. Für diese Vermutung sprechen insbesondere einige Zeichnungen in dem Skizzenbuch, das oben der zweiten Phase der Werkgenese zugeordnet wurde (Abb. 19-20). Sie weisen in ihrer Anlage, vor allem mit der Darstellung des Getümmels liegender und kauernder Figuren, ohnehin eine enge Verwandtschaft zur Ikonographie des Bethlehemitischen Kindermords auf und verstärken den Vorwärtsdrang der weiblichen Hauptfigur, die in den ersten Entwürfen eher zu stehen schien. In den etwas späteren Skizzen der zweiten Phase, die durchaus aus der Zeit um 1824 stammen könnten, werden offenkundig – ganz im Einklang mit dem Stich Raimondis – Opfer von Gewalt gezeigt, die Angst, Verzweiflung und Trauer zum Ausdruck bringen. Spätestens im Herbst 1830 vollzog Delacroix allerdings mit den konkreten Planungen zum Revolutionsbild eine entscheidende Transformation der nach vorne laufenden Hauptfigur. Die ungewöhnlich konfrontative Ausrichtung, mit der sich die im Zentrum platzierte Frau an die Betrachter wendet, behielt er bei, um nun in diese Position eine triumphierende Allegorie einrücken zu lassen. Sie tritt nicht mehr als schutzsuchendes Opfer, sondern als souveräne, ja potenziell bedrohliche Akteurin in Erscheinung.

Wenn man der Ikonographie des Bethlehemitischen Kindermords, namentlich in ihrer Ausformulierung im Stich Raimondis, eine gewisse Prägekraft für Delacroix' Bilderfindung zutraut, so kommt neben den Revolutionären und den gegnerischen Truppen unweigerlich eine weitere Gruppe in den Blick: die unschuldigen Opfer. Die französische Bezeichnung der Ikonographie, *Le massacre des innocents*, bringt auf den Punkt, dass der biblische Kindermord ein Verbrechen an Unschuldigen war. Genau darin aber könnte ein Problem der von Delacroix vor Augen geführten Situation liegen. Sie scheint keinen Raum für Unschuldige und Unbeteiligte zu lassen. Die weitgehend entkleidete Leiche im linken Vordergrund könnte in diesem Sinne nicht nur für die zupackende Chuzpe stehen, die revolutionäre Ereignisse kennzeichnet, sondern ein menschliches Opfer gezielt so zeigen, dass keine eindeutige Zuordnung zu einem der beiden sich bekämpfenden Lager mehr möglich ist.

Für die drei möglichen Anleihen, die hier eingehender betrachtet wurden, lässt sich nicht mit abschließender Gewissheit sagen, ob sie von Delacroix intendiert waren. Auch ob er die Absicht verfolgte, dass derartige Anleihen für das Publikum lesbar sein sollten und folglich in eine Deutung des Gemäldes einzubeziehen sind, kann nicht verlässlich entschieden werden. Das Bild ist offenkundig nicht mit demonstrativen Zitaten gespickt; eher schon gewinnt man den Eindruck, dass der Maler verschiedene Anregungen sehr frei aufgegriffen und sich stark modifizierend anverwandelt hat. Es ist aber gut möglich, dass er auf diese Weise die Bildbetrachtung um weitere Konnotationen und Assoziationen bereichern wollte. Sofern das der Fall ist, tragen die vagen Anleihen allerdings nicht dazu bei, die Botschaft des Bildes zu vereindeutigen oder zu verstärken. Kampf und Sieg der Revolutionäre stellen sich keineswegs triumphaler dar, wenn man den möglichen Allusionen auf die genannten Werke von Géricault, Gros und Raffael bzw. Raimondi gedanklich nachgeht. Derartige Anleihen verstärken indes eher die inneren Spannungen und latenten Widerstreite von Delacroix' Freiheitsbild. Zudem unterbrechen sie die Vergegenwärtigung des historischen Verlaufs der Revolutionsereignisse, um stattdessen in komplexe kunsthistorische Vernetzungen zu führen. Und überhaupt befördern sie, was bereits Gustave Planche formulierte: den irritierenden Eindruck, dass diese Darstellung einer historischen Momentaufnahme ihren Betrachtern ungewöhnlich viel Zeit abverlangt.

IX. Bildzeit und Betrachtungszeit

In kunstkritischen Beurteilungen und kunsthistorischen Interpretationen von Delacroix' Bild kommt das widersprüchliche Zusammentreten der zugespitzten Augenblicklichkeit des Dargestellten mit der langen Dauer der Bildbetrachtung in aller Regel nicht zum Tragen. So verschieden die Deutungen des Gemäldes auch ausfallen, wird doch oftmals die effektvolle Suggestion von Momenthaftigkeit und Dynamik als eine seiner großen Qualitäten gewürdigt. Die Darstellung versetzt die Betrachter mitten in das Geschehen und vergegenwärtigt ihnen jene Stunden, in denen sich der Sieg der Revolution entscheidet. Darauf deutet nicht zuletzt der Bildtitel hin, der auf den 28. Juli und damit auf jenen Tag verweist, an dem sich der Sieg der Aufständischen abzeichnete. Wie wir bereits sahen, ist ganz in diesem Sinne im rechten Bildhintergrund dargestellt, wie einerseits zwar noch königliche Truppen aufmarschieren, andererseits aber die Trikolore auf einem der Türme von Notre-Dame gehisst wird. Auf diese Weise scheinen die Betrachter einem historischen Augenblick beiwohnen zu können. Da die Revolutionäre rasch auf sie zustürmen, drohen auch sie in die Dynamik hineinzugeraten, die sich vor ihnen entfaltet. All das könnte dazu veranlassen, Delacroix das Anliegen zu unterstellen, einen im besten Sinne fruchtbaren Augenblick vor Augen führen zu wollen.

In seinem *Laokoon* (1766) hatte Gotthold Ephraim Lessing den Gedanken und Begriff des fruchtbaren Augenblicks, ältere Anregungen aufgreifend, besonders klar und wirkmächtig ausgearbeitet: Weil die Malerei nur einen einzigen Augenblick zeigen könne, müsse dieser klug gewählt werden. Als besonders fruchtbar erweise sich dabei, »was der Einbildungskraft freies Spiel läßt.« Programmatisch hält Lessing fest: »Je mehr wir sehen, desto mehr müssen wir hinzu denken können.«[1] In diesem Sinne sei aber gerade nicht der Höhepunkt einer Handlung zu favorisieren, sondern eher ein Moment, der es erlaube, in der Imagination der Betrachter weiter gesteigert zu werden.[2] Als prägnant versteht Lessing jenen Augenblick, »aus welchem das Vorhergehende und das Folgende am begreiflichsten wird«,[3] in dem sich – mit anderen Worten –

1 Gotthold Ephraim Lessing: *Laokoon oder über die Grenzen der Malerei und Poesie*, in: ders.: *Werke und Briefe*, Bd. 5.2: *Werke 1766-1796*, hg. von Wilfried Barner. Frankfurt am Main 1990, S. 11-206, hier S. 32.

2 Vgl. ebd., S. 32. Ich passe hier Lessings Argument leicht an. Bei Lessing liegt in der auszugsweise zitierten Passage das Augenmerk auf Affektdarstellungen.

3 Ebd., S. 117.

Ursachen und Wirkungen andeuten, die es der Einbildungskraft erlauben, den dargestellten Moment in ein zeitlich-kausales Geschehen einzubetten.

Delacroix' Gemälde scheint diesem Anspruch umsichtig Rechnung zu tragen. Wir können das Davor und Danach des Augenblicks auf der Barrikade imaginieren, indem wir uns ein unaufhaltsames, alle Hindernisse überwindendes Voranstürmen der Freiheitskämpfer denken. Zudem sind im Bildhintergrund mit dem Aufmarsch der königlichen Soldaten und dem Hissen der Trikolore auf kleinstem Raum zwei Szenen zu sehen, die sich auf die Anfänge der *Trois Glorieuses* sowie auf den Sieg der Revolution beziehen können. Auch hier findet die Imagination Stoff, um sich produktiv anregen zu lassen.

Seine Empfehlung zur wohlbedachten Wahl des Augenblicks hatte Lessing nicht zuletzt damit begründet, dass Gemälde dazu gemacht seien, »betrachtet zu werden, lange und wiederholter maßen betrachtet zu werden«.[4] Lessings bemerkenswerte Formulierung lässt ein Bewusstsein dafür erkennen, dass nicht allein die unveränderliche Stasis des Bildes, sondern auch die zeitliche Dauer der Bildrezeption bei der Wiedergabe von Handlungen Probleme aufwirft.[5] Wenn Bilder – so kann man Lessings Hinweis weiterdenken – zu einer ungewöhnlich langen und eingehenden Betrachtung einladen, drohen sich die Schwierigkeiten der Darstellungen von veränderlichen Geschehnissen zu verschärfen. Was auf den ersten Blick wie die überzeugende Vergegenwärtigung eines Moments anmuten kann, lässt bei andauernder Betrachtung einen unangenehmen Widerspruch zwischen der dynamischen Bildhandlung und der statischen Beharrungskraft des Bildes hervortreten. Genau diese Gefahr aber ist dem Bild von Delacroix inhärent, wenn wir die eingangs angeführte Überlegung von Gustave Planche ernstnehmen. Dessen Hinweis, dass sich die Qualitäten des Bildes erst nach längerer Zeit erschließen, hat sich bei der näheren Beschäftigung mit dem Dargestellten und der Darstellungsform als plausibel erwiesen. Denn das Gemälde wartet nicht allein mit einer einheitsstiftenden Komposition auf, sondern regt auch dazu an, den Blick schweifen zu lassen und auf periphere Partien des Bildes zu richten. Damit drängt sich die Frage auf, ob Delacroix zwar einen durchaus fruchtbaren Augenblick wählte, dabei aber dessen Wirkung durch eine Bildgestaltung, die allzu viel Aufmerksamkeit und Zeit beansprucht, zunichtemachte.

4 Ebd., S. 32.

5 Für allgemeine systematische Überlegungen zur Zeitlichkeit der Bildrezeption vgl. Johannes Grave: *Bild und Zeit. Eine Theorie des Bildbetrachtens*. München 2022.

Delacroix scheint Lessings *Laokoon* in der 1802 von Charles Vanderbourg vorgelegten französischen Übersetzung gekannt zu haben.[6] In einem Skizzen- und Notizbuch, mit dem er um 1821 arbeitete, hielt er knapp fest: »Le Laocoon. Par Lessing traduit par Vanderbourg«.[7] Und in einer 1833/34 benutzten Kladde notierte er: »Laocoon, ou bornes de la peinture et de la poésie, par Lessing«.[8] Diese kommentarlosen Notizen geben nicht sogleich zu erkennen, ob er lediglich einen Titel für die spätere Lektüre vormerkte oder sich etwas bereits Gelesenes in Erinnerung rief. Der Kontext der zweiten Notiz lässt jedoch immerhin darauf schließen, dass Delacroix auf Bekanntes Bezug nahm, da er stichpunktartig weitere, vorwiegend literarische Titel, Figuren und Szenen aufführte, die ihm gut vertraut waren. Für eine Kenntnis von Lessings Traktat spricht zudem, dass Delacroix den Plan verfolgte, selbst über den Unterschied der Künste zu schreiben. In seinem Tagebuch hielt er am 26. Januar 1824 fest:

> »Ich habe vergessen zu erwähnen, dass ich später eine Art Abhandlung über die Malerei schreiben wollte, in der ich die Unterschiede zwischen den Künsten behandeln könnte. Zum Beispiel, dass in der Musik die Form den Inhalt überwiegt. In der Malerei ist das Gegenteil der Fall.«[9]

Eine weitere undatierte Notiz könnte mit diesem Vorhaben im Zusammenhang stehen: »Titre.) Des limites des arts entr'eux et particulièrement de la vraie puissance de la peinture«.[10] Sie ist insofern von besonde-

6 Vgl. Michèle Hannoosh: *Painting and the Journal of Eugène Delacroix.* Princeton (NJ) 1995, S. 7, Anm. 11; sowie George P. Mras: *Eugène Delacroix's Theory of Art.* Princeton (NJ) 1966, S. 28, Anm. 60.

7 Sérullaz: *Inventaire général*, Bd. 2, Nr. 1741, fol. 43 v (= Louvre, Inv.-Nr. RF 9151,87).

8 Delacroix/Hannoosh: *Journal*, Bd. 2, S. 1523.

9 Ebd., Bd. 1, S. 118 (26. Januar 1824): »J'ai oublié de noter que j'avais envie de faire par la suite une sorte de mémoire sur la peinture, où je pourrais traiter des différences des arts entr'eux. Comme, par exemple que, dans la musique, la forme emporte le fond. Dans la peinture, au contraire. On pardonne aux choses qui tiennent au temps en faveur des beautés de génie. […] Je retrouve justement dans Mme de Staël le développement de mon idée sur la peinture. Cet art, ainsi que la musique, sont *au-dessus de la pensée.* De là leur avantage sur la littérature, par le vague.«

10 Paris, Bibliothèque d'art et d'archéologie, ms. 243, fol. 21. URL: bibliotheque-numerique.inha.fr/idviewer/6324/49 (letzter Zugriff: 17. Dezember 2022); vgl. Delacroix/Hannoosh: *Journal*, Bd. 2, S. 1523, Anm. 25; Hannoosh: *Painting and the Journal of Eugène Delacroix*, S. 45, Anm. 59.

rem Interesse, als sie die Zielrichtung von Delacroix' Überlegungen knapp, aber unmissverständlich artikuliert: Nicht um die Schwächen und Grenzen, sondern um die Macht der Malerei geht es ihm, wenn er sie mit anderen Künsten vergleicht.

Ein Aufsatz zum Thema aus Delacroix' Feder hat sich nicht erhalten. Michèle Hannoosh hat jedoch aufzeigen können, dass das *Journal* des Malers und seine – oftmals darin integrierten – Vorarbeiten zu einem *Dictionnaire des beaux-arts* die Frage nach den Differenzen der Künste vielfach aufgreifen.[11] Der Großteil dieser Notizen wurde erst nach 1830 niedergeschrieben. Da sie aber Fragen betreffen, die Delacroix schon in den 1820er Jahren beschäftigten, können sie zumindest einen groben Rahmen für die Auseinandersetzung mit Lessings *Laokoon* abstecken, die mit hoher Wahrscheinlichkeit schon in die Zeit vor 1830 fällt.

Bei flüchtiger Lektüre scheinen die verstreuten Gedanken des Künstlers mit Überlegungen, wie wir sie von Lessing kennen, im Einklang zu stehen. So zeigt sich Delacroix in einer Notiz des Jahres 1859 besonders interessiert daran, dass Gemälde bloß eine momenthaft kurze Wahrnehmung erfordern: »Das Glück der Malerei liegt darin, dass sie nur einen Blick benötigt, um die Aufmerksamkeit anzuziehen und zu fixieren.«[12] Auch ein äußerst großes Gemälde, so schreibt er 1849, lasse sich in einem Augenblick wahrnehmen.[13] Indem Delacroix diesen Gedanken auch für Großformate in Anspruch nimmt, lässt er allerdings keinen Zweifel daran, dass damit nur die unmittelbare Verfügbarkeit des Bildes, nicht aber eine erschöpfende Erfassung der wesentlichen Gehalte und Qualitäten gemeint sein kann.[14] Dafür spricht auch die Wortwahl, wenn er vom »Fixieren« der Aufmerksamkeit schreibt, also von einer durchaus länger anhaltenden Bindung. Delacroix umkreist zwar mit seinen Überlegungen immer wieder die Spezifika von Bildern, die sie von Texten oder Musik unterscheiden. Doch kommt er dabei nicht zu dem Schluss, dass beim Blick auf ein Bild alles sogleich in einem Augenblick wahrgenommen würde.

11 Vgl. Hannoosh: *Painting and the Journal of Eugène Delacroix*, u. a. S. 7 f. u. S. 45-51.

12 Delacroix/Hannoosh: *Journal*, Bd. 2, S. 1779: »Heureuse la peinture de ne demander qu'un coup d'œil pour attirer et pour fixer l'attention.«

13 Vgl. ebd., Bd. 1, S. 431 (11. März 1849).

14 Auch dort, wo Delacroix ein besonderes Augenmerk auf den ersten Eindruck eines Kunstwerks legt, ist ihm bewusst, dass diesem Moment in der Rezeption weitere folgen: »On me disait, à propos de la *Vénus*, qu'en la regardant, on voyait tout à la fois. Cette expression m'a frappé: c'est là, en effet, la qualité qui doit dominer; les autres ne doivent venir qu'après.«; ebd., Bd. 1, S. 731 (30. Dezember 1853).

Der Maler rechnet indes mit einer zeitlichen Erstreckung der Bildrezeption. Das zeigt sich insbesondere in Passagen, die das Privileg der Bildbetrachter hervorheben, sich jederzeit aus freien Stücken vom Bild abwenden zu können. So heißt es in der Fortsetzung des gerade angeführten Gedankens aus dem Jahr 1849: »Selbst das gigantischste Gemälde kann man in einem Augenblick sehen. Wenn die Qualitäten, die es enthält, oder bestimmte Teile davon Bewunderung hervorrufen, dann ist es gut; man kann sich daran erfreuen, sogar länger als an einem Musikstück; wenn Ihnen das Werk jedoch mittelmäßig vorkommt, können Sie der Langeweile einfach durch Drehen des Kopfes entgehen.«[15] Das wiederum sei bei Konzerten nicht möglich. Der Maler kritisiert daher Beethoven dafür, seine Werke durchweg zu lang angelegt zu haben.

Delacroix, so zeigt sich, versteht die Malerei keineswegs allein als ein Medium des Augenblicks oder der kurzen Wahrnehmungsspannen. So wie er es schätzt, dass sich das Publikum rasch von mittelmäßigen Bildern abwenden kann, würdigt er an Meisterwerken die Fähigkeit, die Betrachter lange an sich zu binden: »[...] Sie sind in einer Kontemplation gefangen, zu der Sie nichts als ein unbesiegbarer Zauber einlädt. Dieser stumme Zauber wirkt mit der gleichen Kraft und scheint sich jedes Mal zu steigern, wenn Sie Ihre Augen darauf richten.«[16] Überhaupt besteht für Delacroix »der Erfolg in den Künsten nicht darin, abzukürzen, sondern die Empfindung zu verstärken, wenn es möglich ist, zu verlängern, und zwar mit allen Mitteln.«[17] In einzelnen Fällen kann die

15 Ebd., Bd. 1, S. 431 (11. März 1849): »Le tableau le plus gigantesque se voit en un instant. Si les qualités qu'il renferme ou certaines parties attirent l'admiration, à la bonne heure; on peut s'y complaire, plus longtemps même que sur un morceau de musique, mais si le morceau vous paraît médiocre, il suffit de tourner la tête pour échapper à l'ennui.«

16 Ebd., Bd. 1, S. 842 (23. September 1854): »L'ouvrage du peintre et du sculpteur est tout d'une pièce comme les ouvrages de la nature. L'auteur n'y est point présent, et n'est point en commerce avec vous, comme l'écrivain ou l'orateur. Il offre une réalité tangible en quelque sorte, qui est pourtant pleine de mystère. Votre attention n'est pas prise pour dupe; les bonnes parties sautent aux yeux en un moment; si la médiocrité de l'ouvrage est insupportable, vous en avez bien vite détourné la vue, tandis que celle d'un chef-d'œuvre vous arrête malgré vous, vous fixe dans une contemplation à laquelle rien ne vous convie qu'un charme invincible. Ce charme muet opère avec la même force et semble s'accroître toutes les fois que vous y jetez les yeux.«

17 Ebd., Bd. 1, S. 696 (20. Oktober 1853): »Les arts ne sont point de l'algèbre où l'abréviation des figures concourt au succès du problème; le succès dans les arts n'est point d'abréger, mais d'amplifier, s'il se peut, de prolonger la sensation, et par tous les moyens.«

Beschäftigung mit einem Bild sogar eine Qualität annehmen, die daran hindert, die Betrachtung zu unterbrechen oder zu beenden. Delacroix berichtet im Juli 1858 von einer solchen Erfahrung bei seinem Besuch in Nancy: »Ich war bei meiner Ankunft ins Museum gegangen, um mir die beiden Skizzen von Rubens noch einmal anzusehen. Auf den ersten Blick erschienen sie mir nicht mehr so schön; aber bald wirkte der Zauber, und ich stand regungslos vor ihnen, und zwar so nahe, dass ich von einer zur anderen ging, aber nicht von ihnen lassen konnte.«[18]

Die schon bei Lessing brüchige Differenzierung zwischen Zeitkünsten und Raumkünsten dürfte Delacroix für die Malerei nicht gebilligt haben.[19] Neben seinen Äußerungen lassen vor allem seine Gemälde erkennen, dass er mit der Möglichkeit rechnete, ja darauf abzielte, dass die Betrachter der Bilder über den zweifellos bedeutsamen anfänglichen Eindruck hinaus weitere Erfahrungen sammeln konnten, die keineswegs nur darin aufgingen, den ersten Augenblick zu prolongieren oder zu wiederholen. Die Zeitlichkeit der Bildbetrachtung musste dem Maler auch deswegen wichtig erscheinen, weil er ohnehin mit einer starken Beteiligung der Rezipienten rechnete, deren »Geist« die sinnlichen Eindrücke auswähle, verknüpfe und ergänze.[20] Delacroix hat die damit einhergehende Abhängigkeit von der produktiven Mitarbeit der Betrachter offenkundig nicht als ein Problem verstanden, das es dem Künstler er-

18 Ebd., Bd. 2, S. 1246 (10. Juli 1858): »J'avais été au Musée en arrivant, pour revoir les deux esquisses de Rubens. À la première vue elles ne m'ont plus paru si belles ; mais bientôt le charme a opéré et je suis devenu immobile devant elles, et cela près que j'allais de l'une à l'autre, mais sans pouvoir les quitter. Il y a à écrire vingt volumes sur l'effet particulier de ces ouvrages; c'est le charme du je ne sais quoi, une saveur incroyable au milieu de négligences, mais celles-ci unique[men]t dues à ce que les ouvrages ne sont que des esquisses.«

19 Zur Fragilität der Unterscheidung bei Lessing vgl. Carolin Bohn: *Dichtung als Bildtheorie. Sieben Studien zu Lessings ›Laokoon‹*. Berlin 2016; und Ralf Simon: *Die Idee der Prosa. Zur Ästhetikgeschichte von Baumgarten bis Hegel mit einem Schwerpunkt bei Jean Paul*. München 2013, S. 56.

20 Delacroix/Hannoosh: *Journal*, Bd. 2, S. 1779 (1. September 1859): »Devant la nature elle-même, c'est notre imagination qui fait le tableau. Nous ne voyons ni les brins d'herbe dans un paysage, ni les pores de la peau dans un joli visage; notre œil, dans l'heureuse impuissance d'apercevoir ces infimes détails, ne fait parvenir à notre esprit que ce qu'il faut qu'il perçoive lui-même; ce dernier fait encore, à notre insu un travail particulier : il ne tient pas compte de tout ce que l'œil lui présente. Il rattache à d'autres impressions antérieures celle qu'il éprouve, et sa jouissance dépend de sa disposition présente. Cela est si vrai que la même vue ne produit pas le même plaisir dans des moments différents.« – Vgl. Hannoosh: *Painting and the Journal of Eugène Delacroix*, S. 38.

schwert, eine intendierte Wirkung gezielt und planmäßig herbeizuführen. Stattdessen wertete er die unvermeidliche Unbestimmtheit des Bildes, die er mit dem Begriff *le vague* erfasste, auf und attestierte ihr eine grundlegende Bedeutung.[21]

Vieles spricht dafür, dass Delacroix zum Zeitpunkt der Arbeit an seinem Freiheitsbild über eine hohe Sensibilität für die Temporalität der Bildbetrachtung verfügte. Er dürfte um die Effekte gewusst haben, die eine Bildgestaltung nach sich zieht, die nach einer anfänglichen Wahrnehmung der zentralen Figur auch eine Vertiefung in einzelne Details und periphere Partien nahelegt. Er muss zudem damit gerechnet haben, dass Betrachter seiner *Liberté* ihre eigenen Imaginationen und Gedanken einbringen, um Beobachtungen und Eindrücke zu supplementieren – und dies umso mehr, als weder das dargestellte Geschehen noch die einzelnen Figuren klar positiv konnotiert sind. Die Beschäftigung mit Lessings *Laokoon*, die wahrscheinlich bereits vor 1830 erfolgt war, dürfte Delacroix ferner darauf aufmerksam gemacht haben, wie fragil die Wirkung eines fruchtbaren Augenblicks in der Malerei sein kann. Umso mehr drängt sich die Frage auf, warum er gleichsam sehenden Auges die Gefahr in Kauf nahm, den Effekt der Augenblicklichkeit zu schwächen. War es letztlich in seinem Sinn, wenn Gustave Planche feststellte, diese Darstellung eines höchst transitorischen Moments verdiene es, stundenlang betrachtet zu werden?

21 Vgl. Karl Schawelka: *Eugène Delacroix. Sieben Studien zu seiner Kunsttheorie.* Mittenwald 1979, bes. S. 58-62.

X. Unterbrechungen

Über die Zeitlichkeit von Bildern und die Zeit der Bildbetrachtung wurde nicht nur in Traktaten wie Lessings *Laokoon* nachgedacht. Ambitionierte Historienmaler kamen kaum umhin, jedes neue Bildthema auf die ihm inhärente zeitliche Ordnung hin zu durchdenken und die Konzeption der bildlichen Darstellung darauf abzustimmen. Gerade angesichts der von Lessing angesprochenen Einschränkungen, die mit der Bewegungslosigkeit des Bildes einhergehen, mussten sich bildende Künstler in besonderer Weise im differenzierten Nachdenken über Zeit und Zeiten üben. Exemplarisch lässt sich eine solche Reflexion über die Zeitlichkeit von Bildern bei Jacques-Louis David beobachten, dem in den Jahrzehnten um 1800 tonangebenden Historienmaler in Paris, der – trotz seines Weggangs ins Exil im Jahr 1816 – auch noch die Generation von Delacroix maßgeblich prägte.

Zu den programmatischen Werken Davids zählt sein Gemälde *Die Sabinerinnen* (Abb. 47), mit dem er in der Öffentlichkeit seinen Status als führender Maler zurückzuerlangen versuchte und dessen Konzeption er in besonders hohem Maße reflektiert haben muss.[1] Das Bild entstand in einer für David höchst problematischen Zeit: nach dem 9. Thermidor, d. h. dem Sturz Maximilien de Robespierres, an dessen Politik sich David selbst engagiert beteiligt hatte. Unvermeidlich wurde auch der Maler als wichtiger Protagonist des Regimes der *Terreur* angesehen und scharf kritisiert. Wie anderen Jakobinern drohte ihm ein Todesurteil. Bereits während seiner Inhaftierung als politischer Gefangener scheint David an ersten Überlegungen zu den *Sabinerinnen* gearbeitet zu haben. Ab 1796 konnte er, unterstützt von Schülern, die Bildidee umsetzen. Das vollendete Gemälde wurde schließlich ab 1799 in einer von David eingerichteten, mehrjährigen Einzelausstellung im Louvre präsentiert, für die eigens Eintrittsgeld verlangt wurde. Diese singuläre Form der Ausstellung, mit der sich David als autonom agierender Künstler außerhalb akademischer Strukturen und unabhängig von Auftraggebern oder Käufern positionierte, maß dem Gemälde eine außerordentliche Bedeutung zu. Während der Maler direkte, konkrete Vergleiche verweigerte, indem

1 Vgl. die ausführlichen Analysen des Bildes von Norman Bryson: *Tradition and Desire. From David to Delacroix*. Cambridge 1984, S. 85-95; Hubertus Kohle: *Historienmalerei am Scheideweg. Bemerkungen zu Jacques Louis Davids ›Sabinerinnen‹*, in: Ekkehard Mai (Hg.): *Historienmalerei in Europa. Paradigmen in Form, Funktion und Ideologie*. Mainz 1990, S. 121-134; sowie Ewa Lajer-Burcharth: *Necklines. The Art of Jacques-Louis David after the Terror*. New Haven (CT) 1999, S. 130-235.

er das Bild nicht in den Salon einbrachte und stattdessen isoliert, ganz für sich präsentierte,[2] signalisieren Figurenzitate und -paraphrasen im Bild vielfältige Bezüge zur ehrwürdigen Tradition der Historienmalerei, als deren überbietende Fortsetzung das Werk offenkundig verstanden werden sollte.[3]

Unverkennbar wollte David mit den *Sabinerinnen* sein eigenes Bild in der Öffentlichkeit korrigieren. Mit dem Thema aus der antiken Geschichte, dem großen Format, der anspruchsvollen Komposition und der entschieden heroischen und körperbetonten Darstellung knüpfte er an sein Œuvre vor der Revolution und damit an frühe Höhepunkte seines einzigartigen künstlerischen Erfolgs an. Zugleich zielte die ungewöhnliche Themenwahl aber auf ein Plädoyer für Versöhnung trotz eigentlich kaum überbrückbarer Differenzen und Konflikte. Denn David wählte als Sujet seines Bildes nicht den oft dargestellten Raub der Sabinerinnen, also jene Episode der römischen Geschichte, in der die weit überwiegend männliche Bevölkerung Roms die unverheirateten Mädchen des benachbarten Volks der Sabiner entführt. Vielmehr entschied er sich für den weiteren Verlauf dieses Konflikts, in dem die Sabiner drei Jahre später zum Kampf gegen die Römer antreten, um ihre Töchter zurückzuholen. Das Gemälde lenkt die Aufmerksamkeit auf den Moment, in dem die Sabinerin Hersilia zwischen die Herrscher der verfeindeten Völker, Titus Tatius und Romulus, tritt, um der Gewalt Einhalt zu gebieten. In einer zur Ausstellung 1799 erschienenen Broschüre zitiert David die eindringlichen Worte, mit denen Hersilia (nach Plutarch) an die Väter und Brüder der Sabinerinnen appelliert haben soll, um den Kampf gegen die Römer, die nun ihre Männer und die Väter ihrer Kinder geworden waren, zu beenden.[4] Damit nahm David – so sehr er auch an sein frühes Werk anzuknüpfen schien – erhebliche Korrekturen an dem zuvor von ihm gezeichneten Bild antiker Tugendhaftigkeit vor. Hatte er in den 1780er Jahren mit dem *Schwur der Horatier* und mit seinem *Brutus* eine Verteilung von Geschlechterrollen ins Bild gesetzt, die Frauen auf passives Leiden sowie auf Gefühle und Affekte beschränkte, so treten sie nun als eigenständig handelnde Akteurinnen in Erscheinung, die sich den blind im Teufelskreis der Gewalt gefangenen Männern entgegenstellen.

2 Allerdings ergänzte David die Ausstellung später um zwei Porträts von Napoleon; vgl. Oskar Bätschmann: *Ausstellungskünstler. Kult und Karriere im modernen Kunstsystem*. Köln 1997, S. 44 f.

3 Vgl. etwa Bryson: *Tradition and Desire*, S. 89 f.

4 Vgl. [Jacques-Louis David]: *Le tableau des Sabines exposé publiquement au Palais national des sciences et des arts […] par le C[itoy]en David*. Paris 1799, S. 13 f.

Während die Horatier unbedingte Entschlossenheit demonstrierten und Brutus eine Prinzipientreue verkörperte, die selbst das Todesurteil gegen seine eigenen Söhne unausweichlich macht, durchbrechen die Sabinerinnen solche Zwänge und überwinden damit die vermeintlich alternativlose Situation.

Die Argumentation, mit der Hersilia, Tochter des Titus Tatius und zugleich Frau des Romulus, den gerade noch andauernden Kampf beenden wird, kann das Bild allenfalls vage andeuten, wenn es vor Augen führt, wie die Mütter verzweifelt und unter Einsatz des eigenen Lebens ihre Kinder zu schützen versuchen. Umso entschiedener veranschaulicht das Gemälde die Unterbrechung, mit der Hersilia den nur scheinbar unabwendbaren Handlungsfluss stört.[5] Mit dieser Unterbrechung ist ein zutiefst zeitliches Phänomen das eigentliche Thema des Bildes. Die lineare Logik der Zeit, die Kausalität und Folgerichtigkeit suggeriert, gerät durch die Intervention der Frauen ins Stocken; der vermeintlich unaufhaltsame Fortgang der Ereignisse wird ausgesetzt. Davids Bildbeschreibung in der Broschüre zur Ausstellung mündet zwar darin, dass die früheren Feinde ihre Waffen niederlegen und sich umarmen, um nun gemeinsam ein Volk zu bilden – ein Idealbild, das unübersehbar für eine Versöhnung nach der Zeit der *Terreur* wirbt.[6] Doch das Gemälde kann diese glückliche, harmonische Auflösung, in der alle Spannungen zugunsten einer neuen familiären Ordnung abgebaut werden, nicht mehr vor Augen führen. Wiederum muss es sich auf die schwache Andeutung beschränken, dass erste Soldaten ihre Kampfhandlungen einzustellen scheinen. Darin liegt allerdings nicht die Pointe des Bildes. Es zeigt einen deutlich interessanteren, wahrhaft fruchtbaren Augenblick, nämlich den Moment, in dem durch Arretierung die zeitliche Logik eines Konflikts ausgesetzt wird, der nur die Alternative von endgültigem Sieg oder finaler Niederlage zu kennen scheint.

5 Michael Fried hat diesen Aspekt besonders herausgearbeitet und Argumente dafür vorgebracht, dass David mit den *Sabinerinnen* auch eine Korrektur an den theatralischen Tendenzen der dramatischen Handlungen in seinen Gemälden der 1780er Jahre vornahm. Vgl. Michael Fried: *Thomas Couture and the Theatricalization of Action in 19th-Century French Painting*, in: Artforum 8 (1970), H. 10, S. 36-46, bes. S. 41 f.

6 [David]: *Le tableau des Sabines*, S. 14: »Romulus suspend le javelot qu'il est prêt à lancer contre Tatius. Le général de la cavalerie remet son épée dans le fourreau. Des soldats élevent leurs casques en signe de paix. Les sentiments de l'amour conjugal, paternel, et fraternel, se propagent de rang en rang dans les deux armées. Bientôt les Romains et les Sabins s'embrassent, et ne forment plus qu'un peuple.«

Das Gemälde war Delacroix zweifelsohne bestens bekannt. Zusammen mit dem Bild *Leonidas an den Thermopylen* (Abb. 48) wurde es 1819 durch den französischen König Ludwig XVIII. über einen Vermittler vom exilierten Maler erworben, um danach als eines der Meisterwerke der jüngeren französischen Kunst im Musée du Luxembourg ausgestellt zu werden.[7] Die *Sabinerinnen* wurden damit nochmals zu einem Referenzobjekt der Kunstkritik, an dem sich grundlegende Fragen der Historienmalerei verhandeln ließen.[8] Verschiedentlich ist bemerkt worden, dass Davids Gemälde ebenfalls – insbesondere mit der Figur der Hersilia – Anregungen für die Konzeption von Delacroix' *Liberté* bereitgehalten haben könnte.[9] Dieser Gedanke ist insofern verlockend, als David selbst es offenbar zugelassen hat, die Hersilia seines Bildes zugleich als eine Allegorie zu verstehen. Pierre-Jean-Baptiste Chaussard berichtet, dass er beim Anblick der *Sabinerinnen* unwillkürlich daran haben denken müssen, wie verschiedene Parteien in Frankreich versucht hatten, sich gegenseitig umzubringen (eine kaum verhohlene Anspielung auf die Zeit der *Terreur*), und wie die »mère-patrie«, das als Mutter verstandene Vaterland, zwischen die Streitenden trete, um den selbstmörderischen Konflikt zu beenden. David habe auf Nachfrage ausdrücklich bestätigt, dass die Gedanken, die ihn bei der Arbeit an dem Gemälde beschäftigt hatten, damit getroffen seien.[10] Wenn aber Hersilia auch als Allegorie der *mère-patrie* aufgefasst werden kann, vollzieht sich in ihr bereits jene Verschmelzung von handelndem Individuum und abstrakter Personifikation, die später Delacroix' *Liberté* auszeichnen sollte.

Wichtiger sind aber die Anregungen, die Davids Bild für ein Nachdenken über die Zeitlichkeit der Bildhandlung und die Temporalität der Bildbetrachtung bereithält. Auf der Ebene des dargestellten Geschehens

7 Vgl. etwa *Explication des ouvrages de peinture et sculpture de l'école moderne de France exposés le 25 août 1822 dans le Musée royal du Luxembourg*. Paris 1822, S. 21-23, Nr. 23.

8 Vgl. etwa Stendhal: *Salon de 1824*, in: ders.: *Mélanges d'art. Salon de 1824* […], hg. von Henri Martineau. Paris 1932, S. 5-152, bes. S. 46.

9 Vgl. zum Beispiel Nochlin: *Delacroix's ›Liberty‹, Daumier's ›Republic‹*, S. 16; sowie Henri Loyrette, Sébastien Allard und Laurence des Cars: *L'art français*, Bd. 5: *Le XIXe siècle 1819-1905*. Paris 2006, S. 63.

10 Vgl. Pierre-Jean-Baptiste Chaussard: *Sur le tableau des Sabines par David*. Paris 1800, S. 4: »Ces scènes exaltant mon imagination, je crus voir alors les Français des différens partis prêts à s'égorger de leurs propres mains, et la mère-patrie se levant, se précipitant entre eux, et criant: Arrêtez … Ce rapprochement que je hasardais, je le communiquai à l'artiste; il me répondit: ›Telle était ma pensée lorsque je saisis les pinceaux; puissé-je être entendu!‹«

eröffnet das Gemälde die Option, statt eines im klassischen Sinne prägnanten Augenblicks einen Moment der gezielten Unterbrechung ins Zentrum zu rücken. Diese Option musste besonders attraktiv erscheinen, weil das Stillstellen des Geschehens auf der Handlungsebene bestens mit der Unveränderlichkeit harmoniert, die jedem Bild ohnehin eigen ist. Anders als beim fruchtbaren Moment im Sinne Lessings fällt es den Betrachtern bei Darstellungen der gezielten Unterbrechung aber schwer, den weiteren Fortgang zu imaginieren. Denn eine Unterbrechung in einem so radikalen Sinn, wie David sie zeigt, lässt nicht nur offen, wie, sondern auch wann es überhaupt weitergeht. Mit dieser Ungewissheit eröffnet sie zugleich einen ungewöhnlich großen Freiraum für ein Denken außerhalb vorgegebener Ordnungen und jenseits vorgespurter Bahnen.

David regt darüber hinaus zu einer Streuung des Blicks und der Aufmerksamkeit an, wie Delacroix sie später nochmals intensivieren sollte. Zahlreiche Figuren drängen sich dem Publikum mit ihren perfekten Körpern, gesuchten Posen oder zitathaften Allusionen an ältere Kunst auf und wollen je für sich mit Aufmerksamkeit bedacht werden.[11] Die ungewöhnliche, provozierende Nacktheit der männlichen Heroen, die vermutlich ganz im Sinne Davids für reichlich Gesprächsstoff sorgte, verstärkt diese Tendenz. Sie trägt dazu bei, die Konzentration nicht allein auf das im Bild gezeigte Geschehen zu richten, sondern auch auf die dezidiert ästhetischen Qualitäten des Bildes zu lenken.

Zusätzlich gedehnt wurde der Prozess der Bildrezeption und mit ihm auch die Dauer der Unterbrechung der Bildhandlung durch die besonderen Umstände der Präsentation. David hatte in den Ausstellungsraum einen Spiegel integriert, der dem Gemälde gegenübergestellt war.[12] Sofern sich die Betrachter zum Spiegel hin umdrehten, verschmolz ihre eigene Erscheinung mit der Spiegelung des Gemäldes in ihrem Rücken, so dass sie sich gleichsam in das Bild eingebunden sahen. Der im Gemälde inszenierte Moment der Unterbrechung wurde damit bis in die Gegenwart der Betrachter prolongiert.

Auch wenn Delacroix diese besondere Form der kuratorischen Inszenierung wohl nicht aus persönlicher Anschauung kannte, dürfte ihm Davids Gemälde ein besonders eindrückliches Beispiel dafür geboten haben, wie sich in einem Historienbild die Unterbrechung einer Hand-

11 Vgl. Lajer-Burcharth: *Necklines*, S. 201 f.

12 Vgl. Frédérique Desbuissons: *A Ruin. Jacques-Louis David's ›Sabine Women‹*, in: Art History 20 (1997), S. 432-448; Lajer-Burcharth: *Necklines*, S. 136-139 u. S. 157-161.

lungsfolge vor Augen führen ließ. David selbst variierte diesen Gedanken nochmals in einem Werk, das er als Pendant zu den *Sabinerinnen* konzipierte, aber erst nach ungewöhnlich langer Zeit, 1814, vollendete. Seine Darstellung von *Leonidas an den Thermopylen* (Abb. 48) kontrastiert die gänzlich stille und ungerührte Haltung des Feldherrn Leonidas mit der Betriebsamkeit und Geschäftigkeit der Spartaner, die sich auf die für sie todbringende Schlacht mit den Persern vorbereiten.[13] Das Gemälde unterlag im Laufe seiner langen Entstehungszeit, in die der Aufstieg und der beginnende Niedergang Napoleons fielen, zwangsläufig einem erheblichen Wandel in der Konzeption, so dass seine Deutung bis heute Probleme aufwirft. Vielleicht darf es aber als ein Versuch verstanden werden, den neuen Typ des Historienbildes, der die Unterbrechung eines Handlungsverlaufs zeigt, mit Davids älteren Erfolgsbildern der 1780er Jahre zu verbinden. Denn wie die Darstellungen der *Horatier* oder des *Brutus* veranschaulicht auch der *Leonidas* eine unerbittliche Standhaftigkeit, die sich von persönlichen Interessen und Gefühlen nicht irritieren lässt. Im Wissen darum, dass das kleine Heer der Spartaner der Übermacht der Perser nicht wird widerstehen können, entschließen sich Leonidas und seine Truppen, die Thermopylen möglichst lange zu verteidigen, um damit den Griechen mehr Zeit zu verschaffen, in der der Hauptteil des Heeres gesichert und neu aufgestellt werden kann. Das ruhig verharrende Nachsinnen des Bildhelden eröffnet daher in diesem Fall keine neuen, alternativen Handlungsoptionen, die aus den überkommenen Zwängen herausführen könnten, sondern scheint für jene tugendhafte Beharrlichkeit einzustehen, aus der sich die Opferbereitschaft der Spartaner erklärt. Und dennoch bleibt ein Moment der Irritation angesichts des Umstands, dass im Zentrum dieses den patriotischen Verteidigungswillen feiernden Werkes ausgerechnet ein Held steht, der regungslos erstarrt erscheint und den Aktionismus um ihn herum unterbricht.

Jene Ästhetik der Unterbrechung, mit der David u. a. in seinen *Sabinerinnen* und dem *Leonidas* experimentiert hatte, könnte das Interesse von Delacroix geweckt haben, als er sich in den 1820er Jahren als Historienmaler zu etablieren versuchte und sich dabei von den Schülern Davids abgrenzte. In der Rückschau sollte Delacroix 1857 David als einen Künst-

13 Zu diesem Bild vgl. etwa – mit Hinweisen auf weitere Literatur – Christine Tauber: *Neue Identitäten – neue Genealogien. Jacques-Louis Davids künstlerische Selbstdarstellung nach dem 9. Thermidor 1794*, in: Zeitschrift für Kunstgeschichte 79 (2016), S. 331-364, bes. S. 351-356.

ler charakterisieren, der die Tradition unterbrochen habe.[14] Aber auch Davids spezifischerer Einsatz von Unterbrechungen, Stillstellungen und Arretierungen in Historiengemälden dürfte Delacroix beschäftigt haben. Was er in den Bildern Davids beobachtet hatte, könnte insbesondere in die Konzeption seines Gemäldes *Das Massaker von Chios* (Abb. 12) eingeflossen sein.[15] Das im Salon von 1824 präsentierte Werk stieß nicht zuletzt deswegen auf eine sehr geteilte Resonanz, weil es die den osmanischen Truppen unterlegenen Griechen als bloß leidende, apathische Opfer darstellt, die keinerlei Handlungsimpuls zeigen. An Körperhaltung und Gesichtern der Griechen deutet sich keine Gegenwehr und kein Aufbäumen an. Die Handlungslosigkeit der verstörenden Szene wird zudem dadurch verstärkt, dass die Figuren in zwei Gruppen zerfallen und auch untereinander kaum mehr Bezugnahmen erkennen lassen. Vertraute Figurenmuster der klassischen Historienmalerei werden zerlegt und der ihnen inhärenten Stringenz beraubt, wenn beispielsweise die traditionelle Figurengruppe der Pietà in das bloße Nebeneinander der Frau mit gelbem Kopftuch und dem mehr liegenden als sitzenden nackten Mann überführt wird. Dem Bild Delacroix' liegt kein klar bestimmbarer Zeitpunkt zugrunde; vielmehr scheint der Moment vor der Verschleppung oder Tötung unendlich gedehnt zu werden. Das Fehlen einer eigentlichen Bildhandlung und die Dehnung der Zeit musste den zeitgenössischen Betrachtern umso mehr auffallen, als im selben Salon Xavier Sigalon mit seinem Gemälde *Locusta überprüft die Wirkung eines für Britannicus bestimmten Gifts* (Abb. 49) überzeugend und ungemein erfolgreich vorführte, wie effektvoll die bildliche Darstellung eines geschickt gewählten Augenblicks sein konnte. Sigalons Bild demonstriert die sekundenschnelle Wirkung eines Giftes, das den zu Versuchszwecken herangezogenen Sklaven sogleich mit Krämpfen zu Boden wirft. Es macht aus dem Umstand, dass statische Bilder nur einen Moment wiedergeben können, einen Vorteil, indem es die instantane Folge der Vergiftung und damit den direkten Konnex von Ursache und Wirkung evident werden lässt. Delacroix' *Massaker von Chios* hingegen lässt solche Stringenz gänzlich vermissen. Ausgerechnet bei der Darstellung eines Massakers, das bisher stets als äußerst dynamisches Geschehen vergegenwärtigt worden war, entschied sich Delacroix für eine Stillstellung. Dass

14 Delacroix/Hannoosh: *Journal*, Bd. 1, S. 1193 (13. November 1857): »La tradition étant interrompue à David, lequel, ainsi que son école, a amené d'autres errements […].«

15 Vgl. zum Folgenden Margaret MacNamidhe: *Delacroix and His Forgotten World. The Origins of Romantic Painting*. London 2015.

er dabei einer Anregung gefolgt sein könnte, die er Davids Gemälden entnommen hatte, scheint angesichts der erheblichen Differenzen in der Körperdarstellung, in der Bildkomposition und im Grad der malerischen Ausführung zunächst nicht naheliegend. Allerdings lässt sich die vorne rechts am Boden sitzende alte Frau als zitathafte Wiederaufnahme jener grün gewandeten Figur verstehen, die David in den *Sabinerinnen* links neben dem Schild des Romulus ins Bild gerückt hatte.[16] Vielleicht signalisierte Delacroix mit diesem Detail, dass sein Gemälde mit Davids *Sabinerinnen* in einen spannungsreichen Dialog treten sollte.

Mit einer befremdlichen Stillstellung wartet auch das im Salon von 1827 ausgestellte Skandalbild *Der Tod des Sardanapal* (Abb. 50) auf, das beinahe wie eine pervertierende Parodie von Davids *Leonidas* anmuten könnte. Denn hier erscheint ebenfalls eine Vielfalt von bewegten Figuren und Handlungen, in deren Mitte Sardanapal selbst völlig ruhig und ungerührt dem von ihm veranlassten infernalischen Chaos zusieht. Wie im *Leonidas* wird ein Moment dargestellt, bevor sämtliche im Bild auftretenden Menschen und Tiere in den sicheren Tod gehen. Und auch in Delacroix' Gemälde zeigt der Protagonist, der allein über das Schicksal aller anderen entscheiden kann, keinerlei Emotion oder Handlungsimpuls. Erneut wird der Widerspruch zwischen beschleunigter regelloser Dynamik einerseits und regungslosem, scheinbar unbeteiligtem Innehalten andererseits zugespitzt. Wie David bei seinem *Leonidas* hat Delacroix keinen fruchtbaren Moment gewählt, sondern eine Figur eingeführt, die den sonst unausgesetzt weiterlaufenden Fluss der Zeit und den unerbitt lichen Gang der Ereignisse unterbricht. Gemeinsamkeiten treten aber nicht zuletzt auch darin hervor, dass Delacroix die Aufmerksamkeit des Publikums auf alle Bereiche des Gemäldes lenkt und überall mit sinnlichen Reizen, gesuchten Figuren und potenziellen Anspielungen aufwartet. Bei ihm verbindet sich die Einführung einer Figur des unterbrechenden Innehaltens ebenfalls mit einer Streckung der Zeit der Bildrezeption.

Das Revolutionsbild von 1830 scheint auf den ersten Blick wenig mit der hier skizzierten Ästhetik der Unterbrechung gemein zu haben, die sich an Werken von David, aber auch bei Delacroix rekonstruieren lässt. Es führt zwar ebenfalls eine figurenreiche Szene mit einer Vielzahl von Handlungen und hohem Gewaltpotenzial vor Augen. Und ebenso wie

16 Vgl. Guégan: *Delacroix. Peindre contre l'oubli*, S. 81. – Die Figur der alten Frau aus Davids *Sabinerinnen* war eigens in einem Reproduktionsstich von Joël Bourgeois wiedergegeben worden und dürfte auch auf diese Weise Bekanntheit erlangt haben.

bei David und den erwähnten Werken Delacroix' aus den 1820er Jahren lässt sich die Strategie beobachten, die Betrachter für längere Zeit an das Bild zu binden, indem deren Blicke gezielt auf sehr unterschiedliche, auch periphere Bereiche der Darstellung gelenkt werden. Doch fehlt im Gemälde von 1830 – vielleicht mit Ausnahme des Zylinderträgers – eine bildbeherrschende Figur des Innehaltens, wie sie so wirkungsvoll und prägend in Davids *Sabinerinnen* und im *Leonidas* eingeführt worden war.

Genau diese Abweichung könnte sich aber als eine konsequente und höchst originelle Weiterentwicklung der Ästhetik der Unterbrechung erweisen. In Davids Gemälden sowie Delacroix' Bildern von 1824 und 1827 vollzieht sich die Unterbrechung auf der Ebene der dargestellten Handlung: Hersilia schreitet in den Kampf ein; Leonidas, die apathischen Griechen von Chios sowie Sardanapal bilden durch bloßes Innehalten einen Kontrapunkt zu den Handlungen um sie herum. Mit seinem Freiheitsbild geht Delacroix insofern einen entscheidenden Schritt weiter, als er die Unterbrechung der Zeit der Handlung nun auf das Verhältnis von Bild und Betrachtern verlagert. Er spitzt die augenblickshafte Dynamik der im Bild gezeigten Szene nochmals zu und richtet sie in bedrohlicher Weise direkt auf die Betrachter aus. Umso nachdrücklicher müssen die Rezipienten erfahren, wie sich bei der längeren Beschäftigung mit dem Gemälde die Zeit der Bildhandlung und die Zeit der Bildbetrachtung entkoppeln, um miteinander in einen Widerstreit zu treten. Während im Bild selbst nichts dem Sturm der Aufständischen Einhalt zu gebieten vermag, eröffnet nun das schiere Faktum, dass dieser Sturm im bewegungslosen Bild erscheint, die Option, den scheinbar unaufhaltsamen Gang der Dinge zu unterbrechen. Die lange, aufmerksame Betrachtung des Bildes bannt die Gefahr, die sich aus dem im Bild erscheinenden Moment ergibt.

Eine solche Weiterentwicklung der von David entlehnten Ästhetik der Unterbrechung wäre ganz im Sinne der Einsichten, die Delacroix bei seiner Beschäftigung mit Lessing und der Temporalität des Bildes gewinnen konnte. Mit den verstreuten Äußerungen, die der Maler der Zeit der Bildbetrachtung gewidmet hat, deutet sich an, wie eine vermeintliche Schwäche der Malerei in eine Stärke umgedeutet wird. Lessings Überlegungen zum fruchtbaren Augenblick nehmen ihren Ausgang von einer ›Grenze‹ der Malerei, die deren Möglichkeiten einschränkt,[17] nämlich

17 Zum durchaus kämpferischen Grenzbegriff des *Laokoon* vgl. Jörg Robert: *›Laokoon‹ oder: Krieg und Frieden im Reich der Künste*, in: Friedrich Vollhardt und Jörg Robert (Hg.): *Unordentliche Collectanea. Gotthold Ephraim Lessings ›Laokoon‹ zwischen antiquarischer Gelehrsamkeit und ästhetischer Theoriebildung*. Berlin 2013, S. 9-40.

von dem fehlenden Vermögen, Veränderungen in der Zeit in einem temporalen Nacheinander der Darstellung wiederzugeben. Delacroix macht indes deutlich, dass es die Stasis und unmittelbare Verfügbarkeit des gesamten Bildes ist, die den Betrachtern eine besondere Freiheit bei der Rezeption gewährt, da sie – anders als zum Beispiel die Besucher eines Konzerts – darüber entscheiden können, wann sie den Blick auf bestimmte Teile des Bildes richten und wie viel Zeit sie investieren. Da die Rezeption eines Bildes durchaus eine längere Dauer in Anspruch nehmen kann, zeichnet sich ab, dass die Zeit der Bildhandlung und die Zeit der Bildrezeption auseinandertreten können. Lessing hatte auf diesen Umstand reagiert, indem er versuchte, Bedingungen zu formulieren, unter denen die Differenz zwischen der Zeit der dargestellten Handlung und der Zeit der Betrachtung nicht auffällt. Zu diesem Zweck müsse der Maler die Darstellung von Höhepunkten und schnellen Umschwüngen eines Handlungsverlaufs meiden. Denn an ihnen würde sich – angesichts der Stasis des Bildes – unvermeidlich zeigen, dass die sogleich zu erwartende Änderung der Szene nicht mehr mit dem vor Augen stehenden Bild übereinstimmt.[18] Die Wahl eines falschen, allzu rasch sich verändernden Augenblicks gefährdet daher aus Lessings Sicht die Glaubhaftigkeit und Überzeugungskraft einer Darstellung.

Was zunächst wie ein Problem anmutet, kann sich zu einem Vorteil wenden, wenn das Bild nicht allein darauf ausgerichtet wird, einer Vergegenwärtigung des Gezeigten zu dienen. Sofern sich die Malerei aus der Verpflichtung auf das – für Lessing noch immer wichtige – Nachahmungsgebot löst, kann sie es wagen, einen zeitlichen Verlauf der Bildbetrachtung anzuregen, der nicht danach strebt, mit der Zeitlichkeit der Bildhandlung synchronisiert zu sein. Die Freiheit der Betrachter, die Delacroix verschiedentlich als Stärke der Malerei hervorgehoben hat, wird besonders dann erfahrbar, wenn die überzeugende Vergegenwärtigung des dargestellten Geschehens nicht so weit geht, die Rezipienten in die Zeitordnung der Bildhandlung hineinzuzwingen. Lessings Überlegungen setzen voraus, dass es Zweck der Malerei sei, das Dargestellte so vor Augen zu stellen, dass die Darstellung selbst nicht die Aufmerksamkeit auf sich zieht. Ist man jedoch bereit, die bildliche Vermitteltheit der dargestellten Szene auffällig werden zu lassen, so eröffnen sich neue, gänzlich andere Spielräume. Dann kann das Bild der Betrachterin oder dem Betrachter eine Position zuweisen, die gerade nicht davon gekennzeichnet ist, in die Bildhandlung involviert zu sein.

18 Lessing/Barner: *Laokoon*, bes. S. 32 f.

Konnte eine derartige, selbstbewusste Umwertung von Lessings Überlegungen im Interesse von Delacroix liegen, als er sein Freiheitsbild konzipierte und malte? Um dieser Frage nachzugehen, gilt es, über Delacroix' Haltung zur Julirevolution nachzudenken.

XI. Ambivalenzen der Freiheiten

Das Gemälde *Le 28 juillet. La liberté guidant le peuple* hat sich so nachdrücklich als Revolutionsikone im kollektiven Bildgedächtnis festgesetzt, dass es überrascht, wie ambivalent der Maler die Julirevolution erfahren hat. Ein Brief an seinen Bruder, in dem er am 12. Oktober 1830 von der Arbeit an dem Gemälde berichtet, lässt keinen Zweifel daran, dass er selbst nicht zu den Aufständischen gehörte, die den Sturz von Karl X. herbeigeführt hatten: »Ich habe mir einen modernen Gegenstand vorgenommen, eine Barrikade … und wenn ich schon nicht gesiegt habe für das Vaterland, so werde ich zumindest für es malen.«[1] Die lakonische Wortwahl könnte sich bei genauerer Lektüre als signifikant erweisen. Delacroix spricht nicht von einem Kampf für die Revolution, für deren Ideen, das Volk oder gar für eine Republik, sondern von der *patrie*, dem Vaterland. Er benutzt mithin einen Begriff, der von Republikanern, aber auch Royalisten und Bonapartisten gleichermaßen wertgeschätzt wurde.

Tatsächlich hat sich Delacroix nicht am eigentlichen Geschehen der Revolutionstage beteiligt. Sein Engagement beschränkte sich darauf, am 30. Juli in die neu formierte Nationalgarde einzutreten, um am Schutz der Sammlungen des Louvre mitzuwirken.[2] Ein – allerdings mit erheblichem zeitlichem Abstand niedergeschriebener – Bericht von Alexandre Dumas bestätigt das Bild vom unbeteiligten Maler. Dumas erinnert sich darin an eine Begegnung mit Delacroix, die er auf den 27. Juli, den ersten Tag der Revolution, datiert.[3] Beide hätten sich am Pont de Grève, dem heutigen Pont d'Arcole, also ganz in der Nähe des revolutionären Geschehens, gesehen und gesprochen. Delacroix sei dabei sehr besorgt und ängstlich gewesen. Erst als er auf einem Turm von Notre-Dame die Trikolore habe wehen sehen, sei seine Angst dem Enthusiasmus gewichen.[4]

1 Übers. nach Floetemeyer: *Delacroix' Bild des Menschen*, S. 52; vgl. Delacroix/Dupont: *Lettres intimes*, S. 191: »J'ai entrepris un sujet moderne, une barricade … et si je n'ai pas vaincu pour la patrie, au moins peindrai-je pour elle. Cela m'a remis de belle humeur.«

2 Vgl. etwa Sérullaz/Pomarède: *Eugène Delacroix. La liberté*, S. 20.

3 Alexandre Dumas: *Causerie sur Eugène Delacroix et ses œuvres (suite 1)*, in: La Presse 7.1.1865, S. 3. – Die Datierung des Treffens auf den 27. Juli erscheint zweifelhaft, da die Trikolore allem Anschein nach erst am 28. Juli auf Notre-Dame gehisst wurde.

4 Dumas: *Causerie sur Eugène Delacroix*, S. 3: »Lorsque le 27 juillet, je rencontrai Delacroix du côté du pont d'Arcole, et qu'il me montra quelques-uns de ces hommes que l'on ne voit que les jours de révolution, et qui aiguisaient sur le pavé, l'un un sabre, l'autre un fleuret, Delacroix, je vous en réponds, avait grand'peur, et me témoigna sa peur de la façon la plus énergique.«

Mit dieser Anekdote reagierte Dumas auf Spekulationen über die politische Haltung des Malers, die sich am Gemälde entzündet hatten. Explizit wendet er sich gegen die These, Delacroix habe sich in dem Mann mit dem Zylinder selbst dargestellt und gebe sich mit dem Bild als ein entschiedener, ja kompromissloser Republikaner zu erkennen. Gegen solche Vermutungen bezeichnet Dumas den Künstler als den »Mann, der am wenigsten für Revolutionen eintrat, den ich je gekannt habe«.[5] Der Schriftsteller räumt dabei jedoch eine fragwürdige Hypothese ab, nur um sie sogleich durch eine andere, ebenfalls zweifelhafte Hypothese zu ersetzen. Der Anblick der Trikolore habe den zuvor noch so ängstlichen Maler begeistert, weil er in ihr die Fahne des napoleonischen Empire gesehen habe. Dumas versteht Delacroix daher als einen »Fanatiker des Kaiserreichs, dessen Vater unter dem Kaiserreich Präfekt der beiden wichtigsten Städte Frankreichs gewesen war, dessen Bruder, der es zum General gebracht hatte, auf fünf oder sechs Schlachtfeldern verwundet worden war, und dessen zweiter Bruder bei Friedland gefallen war.«[6] Aus der Sicht Dumas' musste Delacroix durch und durch als Bonapartist gelten.

Es ist schwer, den Wahrheitsgehalt der Anekdote zu ermessen. Immerhin markierte das Hissen der Trikolore tatsächlich einen wichtigen Moment im Verlauf der kurzen, raschen Revolution: Wo während der Revolutionstage von 1830 die blau-weiß-rote Flagge, die bis 1814 als französische Nationalfahne gedient hatte, dann aber unter dem Regime der Restauration verboten worden war, im Stadtbild erschien, kündete sie vom Sieg über das Lilienbanner der Bourbonen und damit vom Erfolg der Aufständischen. Léon Cogniet hat in einem Gemälde (Abb. 51) höchst originell vor Augen geführt, wie durch den Verlauf der Revolution aus dem Lilienbanner mit seinem weißen Grund, der mit Blut befleckt und in den hinein Löcher geschossen wurden, gleichsam unausweichlich die Trikolore werden musste. Doch kann aus Delacroix' mutmaßlicher Begeisterung für die blau-weiß-rote Fahne nicht verlässlich auf eine bestimmte Position geschlossen werden. Denn unter dieser

5 Dumas: *Causerie sur Eugène Delacroix*, S. 3: »l'homme le moins partisan des révolutions que j'aie connu […].«

6 Dumas: *Causerie sur Eugène Delacroix*, S. 3: »Mais quand Delacroix eut vu flotter sur Notre-Dame le drapeau aux trois couleurs; quand il reconnut, lui fanatique de l'Empire, lui dont le père sous l'Empire avait été préfet des deux villes les plus importantes de France; dont le frère, parvenu au grade de général, avait été blessé sur cinq ou six champs de bataille, dont le second frère avait été tué à Friedland; quand il reconnut, avons-nous dit, lui, fanatique de l'Empire, l'étendard de l'Empire, ah ! ma foi, il n'y tint plus, l'enthousiasme prit la place de la peur, et il glorifia ce peuple qui d'abord l'avait effrayé.«

Fahne konnten sich sehr verschiedenartige Gegner der restaurativen Bourbonen versammeln: die Anhänger der Ersten Republik, die bereits im Zeichen der Farbtrias von Blau, Weiß und Rot stand,[7] ebenso wie diejenigen, die dem Empire Napoleons nachtrauerten. Und selbst unter denjenigen, die mit Wehmut auf die Zeit Napoleons zurückblickten, gab es voneinander stark abweichende politische Positionen: Die einen sahen in Napoleon den Vollender der Revolution und den Garanten ihrer wesentlichen Errungenschaften; andere betrachteten den Kaiser indes als deren Überwinder.

Die kunsthistorische Forschung ist sich in der Einschätzung von Delacroix' politischer Haltung keineswegs einig: Oftmals gilt er als Bonapartist, zumal sein Vater und andere Verwandte im Empire tatsächlich wichtige Positionen eingenommen hatten und zu einem Wohlstand gelangt waren, der nach 1815 verloren ging.[8] Pierre Daix sowie zuletzt Bruno Chenique sahen im jungen Delacroix bis in die Zeit um 1830 jedoch den Sympathisanten einer progressiven Politik oder gar einen Anhänger der Republik.[9] Dafür spricht u. a. eine Notiz von Félix Louvet, einem Schulfreund des Künstlers, der Delacroix als »grand peintre et vertueux républicain«[10] charakterisierte. Wieder andere bezeichneten Delacroix als »Liberale[n] mit konservativem Einschlag«, der Napoleon verehrt habe, aber »nicht sonderlich politisch interessiert« gewesen sei[11] oder eine Positionierung in Fragen der Politik eher vermieden habe.[12]

7 Vgl. bereits die Präsenz der drei Farben im Gemälde von Charles Thévenin, *La fête de la Fédération, le 14 juillet 1789, au Champ-de-Mars*, 1791, Paris, Musée Carnavalet; sowie vor allem das Dekret des Nationalkonvents vom 15. Februar 1794 (*Gazette nationale ou le Moniteur universel*, Nr. 149, 17.2.1794, S. 601).

8 Vgl. etwa Gaudibert: *Eugène Delacroix*; Spector: *Delacroix's ›Liberty on the Barricades‹*; Sérullaz/Pomarède: *Eugène Delacroix. La liberté*, S. 19.

9 Vgl. Pierre Daix: *Delacroix le libérateur. Du romantisme français à la peinture moderne*. Paris 1963, bes. S. 152-163; Bruno Chenique: *Géricault – Delacroix. La ›Barque de Dante‹ ou La naissance du romantisme révolutionnaire*. Paris 2015, bes. S. 13-20. Vgl. auch Hadjinicolaou: *Die Freiheit*, S. 50 f.

10 Zit. nach Étienne Charavay: *Lettres autographes composant la collection de M. Alfred Bovet*. Paris 1887, S. 583; vgl. Chenique: *Géricault – Delacroix*, S. 17.

11 Schawelka: *Eugène Delacroix*, S. 130 f.

12 Vgl. Jobert: *Delacroix*, S. 27. – Dominique de Font-Réaulx bezeichnet Delacroix als Bonapartisten und »conservateur«, der sich den wechselnden politischen Verhältnissen angepasst habe; vgl. Dominique de Font-Réaulx: *Delacroix. La liberté d'être soi*. Paris 2018, S. 14. Vgl. auch Floetemeyer: *Delacroix' Bild des Menschen*, S. 65-67 u. S. 84. Daguerre de Hureaux (*Delacroix*, S. 87 f.) spricht sogar davon, dass Delacroix mit seiner politischen Haltung »der Restauration anscheinend näher stand als der Revolution«.

Dass Delacroix' Standpunkt so schwer zu fassen ist, muss keineswegs erstaunen, da auch viele Zeitgenossen zwischen Republikanern und Bonapartisten keine klare Grenze zogen.[13]

In einem am 17. August begonnenen Brief an Charles de Verninac, in dem Delacroix von den Revolutionstagen berichtet, beschreibt er sich als eher unbeteiligten Beobachter:

> »Was sagst du zu diesen Ereignissen? [...] Wir, die wir es gesehen haben, können es nicht glauben. Ich nehme an, dass man Euch zuerst sehr übertriebene Nachrichten gegeben hat. Aber wenn du, wie ich glaube, französische Zeitungen erhältst, werden sie dir eine ziemlich genaue Vorstellung von dem geben, was passiert ist. Wir waren drei Tage lang inmitten von Geschossen und Gewehrfeuer, denn überall wurde gekämpft. Einen einfachen Spaziergänger wie mich konnte nicht mehr und nicht weniger eine Kugel erwischen als die improvisierten Helden, die mit Eisenstücken, die in Besenstielen steckten, zum Feind marschierten. Bisher ist alles in bester Ordnung. Alle vernünftigen Menschen hoffen, dass die Republikmacher sich damit zufriedengeben, sich ruhig zu verhalten.«[14]

Als er denselben Brief am 4. September fortsetzt, betont er, wie die Nationalgarde und der neue König, Louis-Philippe, dem er lautere Absichten unterstellt, dazu beitragen, die öffentliche Ruhe zu gewährleisten.[15] Eine

13 Vgl. Alan B. Spitzer: *Delacroix in His Generation*, in: Beth S. Wright (Hg.): *The Cambridge Companion to Delacroix*. Cambridge 2001, S. 8-25, bes. S. 12 f.; sowie Spector: *Delacroix's ›Liberty on the Barricades‹*.

14 Lee Johnson (Hg.): *Eugène Delacroix. Further Correspondence, 1817-1863*. Oxford 1991, S. 17: »Que dis-tu de ces événements ? N'est-ce-pas le siècle des choses incroyables: nous qui l'avons vu nous ne pouvons le croire. On a dû d'abord, je suppose, vous donner des nouvelles très exagérées. Mais si, comme je pense, vous recevez des journaux français, ils te donneront une idée assez juste de ce qui s'est passé. Nous avons été pendant trois jours au milieu de la mitraille et des coups de fusil; car on se battait partout. Le simple promeneur comme moi avait la chance d'attraper une balle ni plus ni moins que les héros improvisés qui marchaient à l'ennemi avec des morceaux de fer emmanchés dans des manches à balai. Jusqu'ici tout va le mieux du monde. Tout ce qu'il y a de gens de bon sens espère que les faiseurs de république se consentiront à se tenir au repos.«

15 Delacroix/Johnson: *Further Correspondence*, S. 18: »L'ex duc d'Orléans, c'est-à-dire le roi actuel Louis Philippe, se donne un mal de galère pour assurer notre tranquillité, et on peut bien dire qu'il y a du dévouement dans son affaire. Je t'assure que malgré ma gueuserie, je ne voudrais pas de sa royauté au prix de toute la peine qu'il est obligé de prendre. Les solliciteurs sortent de dessous terre comme les colimaçons après la pluie. C'est une rage universelle et tu penses qu'il se fait

dezidierte Parteinahme während der *Trois Glorieuses* tritt hier ebenso wenig hervor wie in dem späteren, oben bereits zitierten Schreiben, das er am 12. Oktober 1830 an den Bruder richtete. Immerhin wird aber erkennbar, dass Delacroix weitergehenden Forderungen nach einer Republik kritisch gegenübersteht und auf eine Beruhigung der Situation hofft. Nicht um den Sieg eines bestimmten politischen Lagers geht es ihm in dem Brief, sondern um ungestörte Ruhe und die Sicherheit vor Eskalationen von Gewalt. In diese Richtung weist auch ein Schreiben an Jean-Baptiste Pierret, das er knapp zwei Jahre später in Tanger verfasste. Das nahende Ende seiner Marokkoreise nimmt der Maler hier zum Anlass, um mit wenig Zuversicht über seine baldige Heimkehr nach Paris nachzudenken:

> »Wenn mir der Gedanke an eine Rückkehr in den Sinn kommt, verwerfe ich ihn; wen werde ich tot oder für immer verkrüppelt vorfinden? Was für neue Revolutionen bereitet ihr uns mit euren Lumpensammlern und Karlisten und euren Robespierres von der Kreuzung?«[16]

Delacroix dachte mithin besorgt an die Rückkehr in eine tief gespaltene Gesellschaft, in der Proletarier, die weiterhin am abgesetzten König Karl X. festhaltenden Legitimisten sowie radikale Anhänger der Revolution aufeinandertrafen, so dass erneute Aufstände zu befürchten waren.

Aus den wenigen Äußerungen, die auf Delacroix' politische Haltung schließen lassen, spricht kein vertieftes Interesse an tagespolitischen Fragen oder an verfassungsrechtlichen Diskussionen über Staatsformen. Im Zentrum steht die Sorge, dass politische Konflikte die individuelle Sicherheit und Freiheit einschränken könnten. Zwar ist es plausibel anzunehmen, dass Delacroix der neuen politischen Ordnung unter dem Bürgerkönig Louis-Philippe positiv gegenüberstand. Doch scheint er gegenüber dem revolutionären Aufstand selbst tiefe Vorbehalte gehegt zu haben.

Delacroix' Blick auf die Julirevolution kann auf eine grundlegende Ambivalenz dieses Ereignisses aufmerksam machen. Der Kampf um die Souveränität und politische Freiheit des Gemeinwesens stellte zumindest in den Tagen der Revolution die individuelle Freiheit der Bürger in Frage.

beaucoup de mauvais choix. Ce qui sauvera la chose publique c'est sans contredit, outre la bonne foi du roi dont tout le monde est convaincu, la tenue et l'organisation de la garde nationale qui est vraiment admirable.«

16 Joubin: *Correspondance générale d'Eugène Delacroix*, Bd. 1, S. 332 (5. Juni 1832): »Quand l'idée de retour me vient en tête, je l'écarte; qui vais-je trouver mort ou infirme à jamais? – Quelles nouvelles révolutions nous préparez-vous avec vos chiffonniers et vos carlistes, et vos Robespierres de carrefour?«

Während gegen den drohenden Despotismus des Königs gekämpft wurde, konnte der einfache, unbeteiligte Spaziergänger, wie Delacroix selbst hatte beobachten müssen, jederzeit den Schießereien zum Opfer fallen. Die Erfahrungen, die sich in den Äußerungen des Malers widerspiegeln, erinnern an die grundlegende Unterscheidung zweier Freiheitsbegriffe, die Benjamin Constant bereits 1819 zur Diskussion gestellt hatte. Der Titel der Rede, die Constant vor dem Athénée Royal in Paris gehalten hatte, *Über die Freiheit der Alten im Vergleich zu der der Heutigen*, mutet auf den ersten Blick eher gelehrt und akademisch an. Doch nehmen auch Constants Gedanken auf Revolutionserfahrungen Bezug: auf die Jahre ab 1789. Ihm zufolge ist nämlich die fehlende Differenzierung der beiden fundamental voneinander abweichenden Freiheitsbegriffe »in nur allzu berühmt gewordenen Zeitabschnitten unserer Revolution«, gemeint ist die *Terreur*, »die Ursache vieler Übel«[17] gewesen. Constant grenzt eine antike, auf Homogenität gegründete Freiheit gegen ein modernes Freiheitsverständnis ab, das Heterogenität toleriert, ja ermöglicht, indem es vor allem die Freiheit des Individuums sicherstellt. In der antiken Polis sei mit der Freiheit der gemeinsamen Entscheidungsfindung über Krieg, Frieden, Bündnisse oder Staatsausgaben sowie bei der Kontrolle der Amtsinhaber zugleich eine »vollständige Unterordnung des einzelnen unter die Herrschaft der Gesamtheit dieser kollektiven Freiheit«[18] einhergegangen. In der modernen Gesellschaft indes hätten die individuellen Freiheiten Vorrang: der rechtsstaatliche Schutz vor behördlichen Willkürakten, die Freiheit der Meinungsäußerung, die Gewerbefreiheit, der Schutz des Eigentums, die Versammlungsfreiheit und die Freiheit der Religionsausübung.[19] Beiden Freiheiten liegen daher aus der Sicht Constants sehr verschiedene Zwecksetzungen zugrunde: »Das, was

17 Benjamin Constant: *Über die Freiheit der Alten im Vergleich zu der der Heutigen*, in: ders.: *Politische Schriften* (Werke in vier Bänden, Bd. 4), hg. von Lothar Gall. Berlin 1972, S. 363-396, hier S. 365. – Ders.: *De la liberté des anciens comparée à celle des modernes, discours prononcé à l'Athénée Royal de Paris*, in: ders.: *Brochures politiques 1819-1821* (Œuvres complètes. Œuvres, Bd. XV), hg. von Kurt Kloocke und Paul Delbouille. Berlin 2017, S. 292-311, hier S. 292. – Vgl. Wilfried Nippel: *Antike oder moderne Freiheit? Die Begründung der Demokratie in Athen und in der Neuzeit*. Frankfurt am Main 2008, bes. S. 201-207; Jeremy Jennings: *Constant's Idea of Modern Liberty*, in: Helena Rosenblatt (Hg.): *The Cambridge Companion to Constant*. Cambridge 2009, S. 69-91. – Zur möglichen Relevanz von Constants Rede für Delacroix' Bild vgl. bereits Honour: *Romanticism*, S. 235 f.; Hadjinicolaou: *Die Freiheit*, S. 47; und Ubl: *Delacroix' Figuration*, S. 155-161.

18 Constant/Gall: *Über die Freiheit der Alten*, S. 368.

19 Vgl. ebd., S. 367.

die Alten erstrebten, war die Verteilung der staatlichen Gewalt unter alle Bürger des Landes: Das war es, was sie Freiheit nannten. Die Modernen erstreben Sicherheit im privaten Genuß; sie bezeichnen als Freiheit die Rechtsgarantien, die die Institutionen diesem Genuß gewähren.«[20] Die Konfusion beider Freiheitsbegriffe in der Französischen Revolution habe zu dem fragwürdigen Bestreben geführt, »ein Maß an gesellschaftlicher Macht, an kollektiver Souveränität, die in andere Jahrhunderte gehörte, in unsere moderne Zeit überführen«[21] zu wollen, so dass es zu einer »Tyrannei«[22] des Kollektivs gekommen sei, die die Freiheit im modernen Sinne tiefgreifend verletzt habe. In einem verhängnisvollen Irrtum sei man davon ausgegangen, »die Bürger müßten sich vollkommen unterordnen, damit die Nation als solche souverän ist, und der einzelne zum Sklaven werden, damit das Volk frei sein kann.«[23] Aus den grausamen Erfahrungen der *Terreur* folgert Constant: »Persönliche Unabhängigkeit ist das vornehmste Bedürfnis des Menschen der Moderne: Folglich darf man von ihnen nie fordern, sie zugunsten der politischen Freiheit zu opfern.«[24]

Die ebenso unbedachte wie folgenreiche Vermischung der beiden Freiheitsbegriffe will Constant durch deren reflektierte Verknüpfung ersetzen.[25] Die politische Freiheit des Gemeinwesens sei für die persönliche Freiheit »unentbehrlich«;[26] doch bedürfe die Verbindung beider Freiheiten einer anderen politischen Organisationsform als in der Antike.[27] Sie müssten dem Einzelnen sowohl Teilhabe an politischen Entscheidungen ermöglichen als auch die individuelle Freiheit durchgängig wahren.

Dass die Freiheit im Sinne der Antike und das moderne Freiheitsverständnis miteinander verflochten waren, hatte nochmals die Krise um die Juliordonanzen des Königs Karl X. vor Augen geführt. Einzelne Verordnungen wie die Einschränkung der Pressefreiheit betrafen individu-

20 Ebd., S. 377.
21 Ebd., S. 379.
22 Ebd., S. 379.
23 Ebd., S. 380.
24 Ebd., S. 383.
25 Zur Verbindung von antiker und moderner Freiheit bei Constant vgl. Nippel: *Antike oder moderne Freiheit?*, S. 206 f.; Jennings: *Constant's Idea of Modern Liberty*, S. 70-73.
26 Constant/Gall: *Über die Freiheit der Alten*, S. 388.
27 Ebd., S. 391. – Constant dürfte dabei vorrangig an das Prinzip der Repräsentation, an die Gewaltenteilung sowie an den von ihm vertretenen liberalen Konstitutionalismus mit einem an die Verfassung gebundenen König als *pouvoir neutre* gedacht haben.

elle Rechte, die Constant als Teil des modernen Freiheitsbegriffs verstanden hatte. Die Missachtung der *Chambre des députés* hingegen rührte an die kollektive politische Freiheit, die Constant als zentrales Anliegen der antiken Polis beschrieben hatte. Mit der durch die Ordonanzen provozierten Revolution drohten im Kampf um die politische Freiheit und die Souveränität des Volkes die individuellen Freiheiten der Bürger in den Hintergrund zu treten. Der Titel von Delacroix' Bild bringt dieses Problem, wie wir bereits gesehen haben, auf den Punkt. Denn indem die *Liberté* führt, verlangt sie Gefolgschaft und lässt kaum Raum für individuelle Abwägungen.

Obwohl sich in den erhaltenen Zeugnissen keine unmittelbaren Hinweise darauf finden, dass Delacroix die Rede Constants kannte, spricht einiges für eine solche Hypothese. Constant hatte als führende Stimme der liberalen Opposition in den Jahren der Restauration eine breite öffentliche Präsenz erlangt und brachte seine staatstheoretischen Überlegungen auch in die Tagespolitik ein. Delacroix erwähnt Constants Roman *Adolphe* in seinem *Journal* zwar spät (1850) und nur beiläufig, zugleich aber suggeriert seine Formulierung, dass er das Buch für allgemeines Bildungsgut hält.[28] Bereits das familiäre Umfeld und der Freundeskreis am Lycée Impérial, zu dem auffällig viele Söhne von Mitgliedern des Nationalkonvents der 1790er Jahre gehörten, könnten den späteren Maler mit Constant und seinen Ideen vertraut gemacht haben. So zählte etwa der Vater von Delacroix' Schulkamerad Félix Louvet, Jean-Baptiste Louvet de Couvray, zu Constants Freunden.[29] Auch eine persönliche Bekanntschaft zwischen Delacroix und Constant scheint nicht ausgeschlossen, da sich beide in den 1820er Jahren für den griechischen Freiheitskrieg engagierten. Constant gehörte zu den Mitgliedern der Société philanthropique pour l'assistance aux Grecs (auch Comité Grec), die 1826 in der Galerie Lebrun jene Ausstellung organisierte, in der Delacroix sein Gemälde *Griechenland auf den Ruinen von Missolunghi* (Abb. 11) erstmals öffentlich präsentierte.

Seine Rede vor dem Athénée Royal nahm Constant 1820 in eine mehrbändige Sammlung politischer Schriften auf. Überdies könnte Delacroix

28 Delacroix/Hannoosh: *Journal*, Bd. 1, S. 506 u. S. 509 (4. u. 14. Mai 1850).

29 Félix Louvet hat einen Brief von Constant an seinen Vater vom 1. Juli 1796 um folgende Notiz ergänzt: »Oh B. Constant, que vous etiez Republicain alors, comme vous êtes constitutionnel aujourdhuy. Mais vous n'avez jamais eté l'esclave du despotique et vous [avez] eu le courage de vous faire eliminer du Tribunat – c'est alors que vous avez merité l'estime pour toujours de vos Concitoyens.«; zit. nach Benjamin Constant: *Correspondance générale (1795-1799)*, hg. von C. P. Courtney, Boris Anelli und Dennis Wood. Berlin 2017, S. 200. – Zu Delacroix und Louvet vgl. auch Chenique: *Géricault – Delacroix*, S. 15.

einen Bericht über die Rede gelesen haben, der bereits 1819 in der Zeitschrift *La Minerve française* erschien, zu deren Herausgebern Constant gehörte.[30] In diesem Artikel werden zentrale Passagen wörtlich wiedergegeben, so dass der Gedankengang Constants klar hervortritt. Ein Brief von Delacroix an seinen Freund Pierret vom 6. November 1818 lässt erkennen, dass er zu den Lesern der Zeitschrift *La Minerve française* zählte.[31] Die Wahrscheinlichkeit ist hoch, dass der Vielleser Delacroix auf diesem Wege auf die Auszüge aus Constants Rede stieß.

Für eine Kenntnis der Grundzüge von Constants Überlegungen spricht zudem ein Aufsatzentwurf über den Freiheitsbegriff, den Delacroix im September 1861 in Augerville-la-Rivière niederschrieb.[32] In ihm greift Delacroix – ohne Constant explizit zu erwähnen – dessen Leitgedanken auf, dem zufolge zwischen verschiedenen Freiheiten zu unterscheiden ist. Der Maler gibt dieser Überlegung allerdings eine etwas andere Wendung, wenn er einen kritischen Blick auf den praktischen Gebrauch der Meinungs- und Pressefreiheit wirft, von der ohnehin nur wenige profitieren könnten. An Constant erinnert dabei die Mahnung, dass eine Freiheit durch Überbetonung einer anderen Freiheit eingeschränkt werden kann: »Politische Freiheit ist das große Wort, dem in dieser Gedankenwelt gerade die realste Freiheit geopfert wird.«[33] Bis in die Wortwahl enthält Delacroix' Text bemerkenswerte Parallelen zu Constants Rede von 1819. Constant hatte mit einem Satz, der auch in der *Minerve française* wörtlich zitiert wurde, festgestellt, dass in der Antike »der Einzelne, der in öffentlichen Angelegenheiten fast gewohnheitsmäßig souverän ist, in allen privaten Beziehungen ein Sklave«[34] gewesen

30 J[ean]-P[ierre] P[agès]: *Nouvelles littéraires: Athénée royal de Paris*, in: La Minerve française 5 (1819), S. 209-215.

31 Joubin: *Correspondance générale d'Eugène Delacroix*, Bd. 1, S. 34 (6. November 1818).

32 Vgl. Eugène Delacroix, [Sur la liberté], in: Delacroix/Faure: *Œuvres littéraires*, Bd. 1, S. 124-126.

33 Ebd., Bd. 1, S. 125: »La liberté politique est le grand mot auquel on sacrifie précisément, dans cet ordre d'idées, la plus réelle liberté.« – Vgl. Constant/Kloocke/Delbouille: *De la liberté des anciens*, S. 307: »La liberté individuelle, je le répète, voilà la véritable liberté moderne. La liberté politique en est la garantie; la liberté politique est par conséquent indispensable. Mais demander aux peuples de nos jours de sacrifier comme ceux d'autrefois la totalité de leur liberté individuelle à la liberté politique, c'est le plus sûr moyen de les détacher de l'une, et quand on y serait parvenu, on ne tarderait pas à leur ravir l'autre.«

34 Constant/Kloocke/Delbouille: *De la liberté des anciens*, S. 295: »Ainsi chez les anciens, l'individu, souverain presque habituellement dans les affaires publiques, est esclave dans tous ses rapports privés.«

sei. Bei Delacroix finden sich derselbe Gedanke und dieselbe Metaphorik des Sklaventums, wenn er schreibt: »Der Römer, der sich rühmte, auf dem Forum frei zu sein, war in seinem Haus oft ein Sklave.«[35]

Möglicherweise boten dem Maler Gespräche im Hause des Gastgebers Pierre-Antoine Berryer, der als Anwalt, Politiker und Verfechter der Pressefreiheit bekannt geworden war, einen Anlass, um sich nochmals Constants Rede zuzuwenden.[36] Es liegt nahe, dass ihm dabei auch sein eigenes Gemälde von 1830 in den Sinn kam. Der Gedanke, mit dem sein kurzer Text von 1861 einsetzt, könnte ein Anliegen aufnehmen, das ihn vermutlich bereits 1830 umgetrieben hat: »Es wird immer von Freiheit gesprochen; sie ist das erklärte Ziel aller Revolutionen, aber es wird nicht gesagt, was diese Freiheit ist.«[37]

Delacroix lässt auch an anderen Stellen erkennen, wie wichtig für ihn seine individuelle Freiheit ist, während er weiterreichenden Ansprüchen auf *égalité* mit großer Skepsis begegnete.[38] In einem Brief vom 8. November 1854 sollte er diese persönliche Freiheit sogar als eine Art Lebensziel bezeichnen: »Bei vielen Gelegenheiten habe ich das Gefühl der Freiheit

35 Delacroix/Faure: *Œuvres littéraires*, Bd. 1, S. 124 f.: »Le Romain, qui se vantait d'être libre dans le Forum, était souvent esclave dans sa maison.«

36 Wenn Delacroix sich 1861 nochmals mit Constants Rede beschäftigt hat, so spricht einiges dafür, dass er dabei den Auszug in *La Minerve française* benutzte. Denn in der dortigen Wiedergabe fehlt an entscheidender Stelle ein Wort. Constants Formulierung lautet: »Chez les modernes, au contraire, l'individu, indépendant dans sa vie privée, n'est même dans les états les plus libres, souverain qu'en apparence« (Constant/Kloocke/Delbouille: *De la liberté des anciens*, S. 295). In *La Minerve française* (Pagès: *Nouvelles littéraires*, S. 211) entfiel jedoch das Wort »indépendant«, so dass aus einer Apposition zum Subjekt »l'individu« eine adverbiale Bestimmung wurde und sich der Sinn des Satzes erheblich änderte. Die Leser der Zeitschrift mussten an dieser Stelle fälschlich den Eindruck gewinnen, dass Constant auch den modernen Menschen in seinen privaten Belangen für unfrei hielt. Dieses Missverständnis scheint sich bei Delacroix in einem Gedanken fortzusetzen: »Dans l'Etat le plus libre, qui est-ce qui est complètement libre ? Ne parlons pas de cette liberté qui est en dehors de la politique, que vous ne trouverez ni dans les liens de famille, ni dans les emplois, ni dans les mille façons d'arranger sa vie, ou mille tyrannies, qui sont le fait des exigences de la profession, de celles des affections de famille ou autres, des misères générales de notre nature, ou de celles qui résultent du caractère de chacun en particulier.« (Delacroix/Faure: *Œuvres littéraires*, Bd. 1, S. 124).

37 Delacroix/Faure: *Œuvres littéraires*, Bd. 1, S. 124: »On parle toujours de la liberté; c'est le but avoué de toutes les révolutions, mais on ne dit pas ce que c'est que cette liberté.«

38 Ebd., Bd. 1, S. 126 f.; vgl. Ubl: *Von der Freiheit zur ästhetischen Gemeinschaft*, S. 281.

und des Selbstbesitzes glücklich genossen, das wohl das einzige Gut ist, nach dem ich streben sollte.«[39] Sofern der Maler die Möglichkeit hatte, Constants Überlegungen durch Lektüre oder aus Berichten anderer kennenzulernen, dürften sie ihm sehr einleuchtend und sympathisch erschienen sein.

Insbesondere die Monate nach der Julirevolution könnten Delacroix' Aufmerksamkeit auf Constant und dessen politische Ansichten gelenkt haben. Der Schriftsteller und Politiker war an der Etablierung der Julimonarchie unter dem Bürgerkönig Louis-Philippe beteiligt gewesen, wurde aber in den Monaten danach als eine Stimme wahrgenommen, die erneuten konservativ-reaktionären Tendenzen öffentlich entgegentrat. Da er bei seinen Auftritten als Abgeordneter den Anteil der ärmeren einfachen Bevölkerung an der erfolgreichen Revolution würdigte, konnte er als ein »Symbol des Protests gegen das sich herausbildende liberale Establishment der Julimonarchie«[40] wahrgenommen werden. Die Nachrufe, die zum Tod von Constant am 8. Dezember 1830 erschienen, lassen keinen Zweifel daran, dass man mit dem Politiker vor allem einen zentralen Begriff verband: den der *liberté*.[41] Während Delacroix an seinem Gemälde arbeitete, wurde kaum eine Persönlichkeit des öffentlichen Lebens so sehr mit dem Freiheitsbegriff assoziiert wie Constant. Auch das spricht dafür, dass der Maler bei der Konzeption und Ausführung des Bildes Constant und dessen Verständnis von Freiheit im Sinn hatte.

39 Delacroix/Hannoosh: *Journal*, Bd. 1, S. 863: »Fatigué de mon voyage et de mes petites émotions d'hier. Souffrant toute la journée : mauvaise disposition de corps et d'esprit. Agitation ou torpeur, sont-ce là les conditions inévitables ? Non, si je me rappelle mille moments de ma vie depuis quelques années que je me suis tiré du tourbillon. Dans maintes occasions j'ai savouré avec bonheur le sentiment de liberté et de possession de moi-même, qui doit être le seul bien où je doive aspirer.«

40 Peter Geiss: *Der Schatten des Volkes. Benjamin Constant und die Anfänge liberaler Repräsentationskultur im Frankreich der Restaurationszeit 1814-1830*. München 2012, S. 335.

41 Exemplarisch in einem Bericht über die Trauerfeierlichkeiten: [anonym]: *Benjamin Constant*, in: Le Mercure de France au dix-neuvième siècle 31 (1830), S. 532-542, z. B. S. 532, S. 540 (»la sainte cause de la liberté«, »l'amour de la liberté«) u. S. 542.

XII. Von der Darstellung der Freiheit zur Freiheit der Betrachter

Delacroix' Freiheitsbild ist von Spannungen und Momenten des Widerstreits durchzogen. Neben der effektvollen Darstellung des Freiheitsdrangs der Heranstürmenden bietet das Gemälde einen schonungslosen Blick auf die Leichen derer, die den Kämpfen zum Opfer fielen. Neben der Figur der *Liberté*, die Angehörige verschiedener Schichten hinter sich vereint, fallen höchst unterschiedliche Charaktere und gesellschaftliche Typen ins Auge. Und neben dem Ausdruck eines begeisterten Aufbruchs artikuliert sich in einzelnen Figuren eine beängstigende, wahnhafte Fixierung oder ein zweifelndes Nachsinnen. Die zentrale Figur verdichtet in sich diese spannungsvolle Konstellation, da mit ihr sowohl ein konkretes Individuum als auch eine abstrakte Allegorie anschaulich zu werden scheint. Zudem erweist sich die Komposition des Bildes als konfliktreich. Sie zeichnet sich einerseits durch einheitsstiftende Elemente wie die übergreifende pyramidale Grundstruktur aus, lädt andererseits aber durch die weite Streuung sinnträchtiger Details zu einem längeren, schweifenden Betrachten ein, das die Bildeinheit zu schwächen droht. Und nicht zuletzt verbindet sich mit Delacroix' Bild eine fundamentale Spannung verschiedener Zeitebenen. In der Logik des Dargestellten herrscht das Zeitregime der Revolution: der Augenblick, die instantane Veränderung und die rasche Entscheidung, die keinen Aufschub duldet. Die Betrachter hingegen können, ja sollen sich Zeit nehmen, da ein kurzer schneller Blick dem Gemälde nicht gerecht zu werden vermag. Wie unter einem Brennglas bündeln sich diese widerstreitenden Momente in dem Titel, unter dem das Bild im Salon von 1831 präsentiert wurde. Der lakonische Obertitel »Le 28 juillet« ruft ein einmaliges historisches Datum in Erinnerung, während der Zusatz »La liberté guidant le peuple« eine umfassendere, allgemeinere Idee artikuliert, die freilich einen Konflikt in sich birgt: Denn wie kann Freiheit erfahren werden, wenn sie sich der Führung durch eine abstrakte Idee verdankt, die jeglichen Widerstand entschlossen bekämpft?

Dass sowohl die zeitgenössische Kunstkritik als auch die spätere kunsthistorische Forschung mit dem Gemälde unterschiedliche politische Positionierungen assoziierten, muss vor diesem Hintergrund nicht erstaunen. Das Bild erweist sich weder als bloße Affirmation der Revolution noch als deren Kritik. Vielmehr artikuliert sich in ihm ein Unbehagen. Die Revolution zielt nicht allein auf die Lösung gesellschaftlicher, vor allem politischer Probleme, sondern wirft ihrerseits neue Fragen auf. Delacroix'

Darstellung der Revolution lässt allerdings nicht erkennen, dass sie zu konkreten politischen, verfassungsrechtlichen oder sozialen Fragen Stellung bezieht. Das Unbehagen, das in ihr zum Ausdruck kommt, betrifft indes die Eigenlogik revolutionärer Ereignisse, die keinen Raum für unbeteiligte Beobachtung lassen und zur sofortigen Positionierung zwingen. Genau dieser Entscheidungszwang kennzeichnet die Situation, vor die sich die Betrachter durch das bildlich dargestellte Geschehen gestellt sehen. Sie haben nur die Wahl zwischen dem Anliegen der Revolutionäre oder dem ihrer Gegner, und sie müssen diese Entscheidung unverzüglich fällen. Nichts anderes bezweckt die provozierende Positionierung der Rezipienten, die durch die Bildkomposition vorgegeben wird und die uns so auf das Geschehen blicken lässt, dass die Freiheitskämpfer im nächsten Augenblick über uns hinwegzustürmen drohen.

Die Spannungen, die Delacroix' Freiheitsbild kennzeichnen, lassen das grundlegende Problem erfahrbar werden, das Benjamin Constant mit seiner Unterscheidung zweier Freiheitsbegriffe zu erfassen versuchte. Die Souveränität eines Volkes, das sich seiner politischen Freiheit versichern will, und die individuelle Freiheit des einzelnen Bürgers können gerade in Revolutionen auf folgenreiche Weise in einen Konflikt miteinander geraten. Constant hatte nachdrücklich dafür plädiert, dass unter den Bedingungen der Moderne die individuellen Freiheitsrechte nicht der politischen Freiheit des Gemeinwesens untergeordnet werden dürfen. Seines Erachtens ließ es sich auch mit hehren Idealen nicht rechtfertigen, wenn der Einzelne gleichsam zum Sklaven eines sich im Ganzen als frei begreifenden Gemeinwesens wurde. Zugleich aber stellte er klar, dass individuelle Freiheit ohne die politische Freiheit des Gemeinwesens auf Dauer schwer zu denken sei.

Angesichts des Umstands, dass Constant die kollektive politische Freiheit als Freiheitsverständnis der Antike identifizierte, fällt ins Auge, auf welche Weise Delacroix die Figur der *Liberté* in seinem Gemälde darstellte. Während alle anderen Akteure im Bild klar als Zeitgenossen charakterisiert sind und in stark situativen, veränderlichen Posen gezeigt werden, lassen sich an der zentralen Figur der Freiheit Merkmale erkennen, die über das Individuum und den Moment hinausweisen. Zwar entspricht sie mit ihrem Achselhaar und dem unsauberen Teint immer auch dem Bild, das sich zeitgenössische Betrachter von einer einfachen Frau aus der Vorstadt machten, doch vollzieht sich mit der Verwandlung der Frau aus dem Volk in eine Allegorie zugleich eine verhaltene Idealisierung. Ihre Körperhaltung erinnert an antike Skulpturen der Siegesgöttin Victoria, und ihr Kopf ist so zur Seite gewandt, dass ihr Gesicht in einem geradezu idealen Profil erscheint, wie es von Münzbildern der

Antike bekannt war.[1] Damit erweist sich die *Liberté* mit ihrer letztlich ebenfalls dem Altertum entlehnten phrygischen Mütze als jene Figur im Bild, die am ehesten an antike Vorbilder denken lässt.[2] Es erscheint daher durchaus möglich, dass Delacroix seine *Liberté* im Einklang mit Constants Überlegungen als eine Darstellung kennzeichnen wollte, die am antiken Freiheitsverständnis Maß nimmt. Sie gibt allen anderen Akteuren die Richtung vor, die zwar in ihrer jeweiligen Individualität hervortreten, aber angesichts der überragenden Idee der *Liberté* keine individuellen Freiheiten geltend machen.

Soweit ich sehe, ist bisher allein Ralph Ubl genauer den möglichen gedanklichen Parallelen zwischen Constants Rede und Delacroix' Gemälde nachgegangen. Er machte im Bild verschiedene »Strategien« aus, »die integrierende Kraft der Freiheit zu verherrlichen«.[3] Auch beobachtete er, wie sich die anderen Figuren im Bild auf die Freiheit hin ausrichten und sich ihr angleichen: »Kurz gesagt: das Gemälde beschwört die kollektive Freiheit als figurative und mimetische Macht unter den modernen Bedingungen der sozialen und individuellen Getrenntheit.«[4] So verstanden, bietet das Bild eine präzise und hellsichtige Analyse der Julirevolution als eines historischen Ereignisses, in dem ein antikes Freiheitsideal nochmals eine Aktualisierung erfährt, die jedoch unter den grundlegend anderen Rahmenbedingungen der Moderne unweigerlich Probleme aufwirft. Zu Recht geht Ubl davon aus, dass das Bild diese Spannungen nicht dadurch zu lösen versucht, dass es sie versöhnt oder zugunsten einer Position entscheidet. Vielmehr dürfte es ein zentrales Anliegen Delacroix' sein, diese latenten Konflikte zwischen verschiedenen Konzeptionen von Freiheit überhaupt hervortreten zu lassen.[5]

Die Analyse der Revolution, die Delacroix mit seinem Bild leistet, geht aber noch einen Schritt weiter, wenn man sich nicht nur auf das im Bild Dargestellte und dessen Erscheinungsweise konzentriert, sondern auch die Betrachter einbezieht. Sofern sie sich auf die dargestellte Situation einlassen, müssen sie sich vom Sturm der Aufständischen bedroht sehen, der sie nötigt, zur Revolution Stellung zu beziehen. Schon bevor sich das Individuum auf eine Position festlegt, wird seine Freiheit daher durch die revolutionäre Dynamik erheblich begrenzt. Sie bietet kaum Spielraum, um sich einer Entscheidung zu enthalten oder jenseits des

1 Vgl. etwa Busch: *Eugène Delacroix*, S. 12.
2 Vgl. Ubl: *Delacroix' Figuration*, S. 158.
3 Ebd., S. 159.
4 Ebd., S. 161.
5 Vgl. ebd., S. 146 f.

Für und Wider der Kampfsituation alternative Optionen zu erwägen. Vor allem aber setzt die Revolution ein unerbittlich kurzes Zeitmaß, innerhalb dessen dem Einzelnen eine Entscheidung abverlangt wird. An Delacroix' Bild werden mithin die Zumutungen erfahrbar, die sich unvermeidlich aus der Zeitordnung der Revolution ergeben, die jegliche Besonnenheit des längeren Nachdenkens verhindert und zur sofortigen Positionierung nötigt. Auch wenn sie die Freiheit zur Leitidee erklärt, verlangt die Revolution Gefolgschaft und schränkt – zumindest vorübergehend – individuelle Freiheiten ein. Indem Delacroix mit seinem Gemälde auf diese Aporie aufmerksam macht, kritisiert er nicht sogleich die Revolution. Ein solche Kritik würde sich der Eigenlogik und Eigenzeit der Revolution beugen, indem sie eine Positionierung vornähme, wo das Bild eher den Zwang zur unverzüglichen Entscheidung problematisiert.

Anstatt sich am Streit um das Für und Wider der Revolution zu beteiligen, scheint Delacroix' Gemälde eher eine Alternative zur Zeitordnung der Revolution zu eröffnen. Die vermeintliche Schwäche von Bildern, auf die u. a. Lessing hingewiesen hatte, wird von Delacroix in einen Vorzug gewendet. Er nutzt die spezifische Zeitlichkeit des Bildes, mithin dessen Stasis und Unveränderlichkeit, sowie den Umstand, dass jede Bildbetrachtung Zeit in Anspruch nimmt, um die unaufhaltsame Dynamik des revolutionären Ereignisses gezielt zu unterbrechen. Waren zuvor, etwa in Hauptwerken von Jacques-Louis David, Momente der Suspension und Reflexion in der bildlichen Darstellung selbst, vor allem in den Relationen der Figuren, vor Augen geführt worden, so verlagert Delacroix die Unterbrechung auf die Ebene der Relation von Bild und Betrachtern. Sie verbleibt nun nicht mehr auf der Ebene der bildintern dargestellten Handlung, um dort etwa durch eine Figur exemplarisch vorgeführt zu werden, sondern wird in den Rezeptionsprozessen der Betrachter vollzogen, die wiederum durch die Gestaltung des Bildes beeinflusst werden. Die einheitsstiftende Komposition des Bildes, in dessen Zentrum eine umfassende pyramidale Aufgipfelung steht, stützt zunächst den Eindruck von Präsenz und Augenblicklichkeit. Die breite Streuung signifikanter Details und die Lenkung der Aufmerksamkeit auf Randbereiche des Bildes hat aber zur Folge, dass die Betrachter in einen längeren Prozess des Sehens und Nachdenkens involviert werden, in dem sie auch zwischen einer Betrachtung aus mittlerer Distanz und einem nahsichtigen Blick wechseln. Während dieses Prozesses treten die Zeit der Bildhandlung und die Zeit der Bildbetrachtung zunehmend auseinander. Auf diese Weise wird die Suggestion, beim Blick auf das Bild nochmals in die Ereignisse der Revolution hineinversetzt zu werden, in den Hintergrund gedrängt, um einer Erfahrung nachdenklicher Besonnenheit Platz zu machen. Die Rezipienten werden dabei nicht zuletzt von dem Zeitdruck befreit, durch den die revolutionäre Situation individuelle Freiheit einschränkt. Sie werden in die Lage versetzt, selbst eine Erfahrung von Freiheit zu machen, die ihnen sonst allenfalls in Bildern vorgeführt wird. Anders als die Zeugen der Julirevolution müssen sie keine Entscheidung fällen, sondern können die Entscheidungssituation selbst reflektieren. Ihnen wird jener Freiraum gewährt, der es überhaupt erst zulässt, über den Zwang zur Entscheidung nachzudenken, der der revolutionären Situation eigen ist.

Dass dieser Perspektivenwechsel möglich wird, ist nicht zuletzt auf die allegorische Figur der Freiheit zurückzuführen. Solange unser Sehen und Denken ausschließlich bei einem buchstäblichen Nachvollzug und Verständnis des dargestellten Geschehens verbleibt, erblicken wir nur eine entfesselte Menge von vorwärtsstürmenden und bedrohlich wirkenden Aufständischen. Dann erscheint im Bildzentrum eine wenig gepflegte, kräftige Frau, wie zeitgenössische Betrachter sie in einem der Faubourgs von Paris erwartet haben dürften. Eine solche Sichtweise hat zur Folge, dass wir uns der Herausforderung ausgesetzt sehen, im nächsten Augenblick zu entscheiden, wie wir uns den Aufständischen gegenüber verhalten. Doch weist die Frau mit der phrygischen Mütze, mit dem strengen Profil und mit ihrer zentralen Stellung in der Komposition unverkennbare Indizien auf, die nach einem tieferen Sinn fragen lassen. Derartige Signale regen zu einer Interpretation der Figur an, die über die vergegenwärtigende Wiedergabe einer konkreten Situation hinausgeht, auf einen allgemeineren Gedanken verweist und allegorischer Natur ist. Sobald aber die Frau aus der Vorstadt zu einer Allegorie der Freiheit wird, kann auch der Rest der Darstellung nicht mehr nur als buchstäbliche Wiedergabe einer Revolutionsszene gelten. Vollzieht man diesen Perspektivenwechsel, so wird die Immersion der Betrachter, ihre scheinbar unausweichliche direkte Beteiligung am Geschehen, unterbrochen. Dann eröffnet sich uns die Möglichkeit, aus der Eigendynamik und dem unerbittlichen Zeitdruck des Aufstands herauszutreten, einzelne Figuren länger und genauer zu betrachten und in ein Nachdenken zu wechseln, das von unmittelbaren Handlungszwängen entlastet ist. Auf diese Weise wird der scheinbar so natürliche und unausweichliche Entscheidungsdruck der Revolution reflektierbar.

Mit Delacroix' Bild deutet sich an, dass die revolutionäre Situation an sich – ganz gleich, mit welcher Position man sympathisiert – problematisch ist, weil sie Reflexionsmöglichkeiten abschneidet, komplexe Probleme auf die Entscheidung für eine von zwei oder wenigen Konfliktparteien reduziert und damit Freiheit einschränkt. Das wiederum trifft sich mit der Charakterisierung der Figuren im Bild. Denn bei allem Enthusiasmus, der sich in ihren Gesichtern auch mitteilen mag, drängt sich der Eindruck auf, dass hier kaum jemand nachdenkt. Allenfalls der möglicherweise zögerliche Zylinderträger könnte für einen Moment des Innehaltens stehen. Sofern man seinen Blick so interpretiert, droht die Figur aber sogleich aus der Dynamik der Revolution herauszufallen.

Die Betrachter von Delacroix' Gemälde können sich dem Nachdenken widmen, ohne unter dem unmittelbaren Druck der Ereignisse zu stehen. In diesem Fall ist es gerade die statische Bewegungslosigkeit des Bildes, die einen »Denkraum der Besonnenheit«[6] eröffnet und den Betrachtern wirklichen Freiraum, ja Freiheit gewährt. Der schlichte Umstand, dass die Starre des Bildes die scheinbar unaufhaltsame Dynamik der Revolution unterbricht, lässt eine Reflexion zu, in der die fatalen Effekte des Entscheidungs- und Handlungsdrucks bewusst werden können. Damit bietet sich die Gelegenheit, über die Gefahren einer Semantik der Unausweichlichkeit und Alternativlosigkeit nachzudenken, wie sie in zugespitzten politischen Entscheidungssituationen allzu gerne bemüht wird. Und es wird möglich, den Einwand zu formulieren, dass neben dem Für und Wider der Revolution auch andere, dritte Wege erwogen zu werden verdienen oder dass es legitim sein könnte, keine Entscheidung zu fällen und keine Position beziehen zu wollen.

Delacroix' Gemälde erweist sich damit nicht in erster Linie als ein Bekenntnisbild zur Julirevolution. Ebenso wenig kann es als ein bloß opportunistischer Versuch gelten, sich beim Bürgerkönig Louis-Philippe und den ihn tragenden gesellschaftlichen Kräften beliebt zu machen. Das Bild problematisiert hingegen fragwürdige politische Zuspitzungen, die zu Momenten unausweichlicher Positionierungen führen. Wenn sich jeder dem Zwang ausgesetzt sieht, zwischen verkürzten und verschärften Alternativen entscheiden zu müssen, scheint Freiheit – ausgerechnet auf dem Höhepunkt des Freiheitskampfes – in weiter Ferne. Delacroix' Gemälde führt exemplarisch vor Augen, was Bilder in solchen Situationen im besten Fall leisten können: Ihr Beitrag muss nicht zwangsläufig darin bestehen, bestimmte Positionen zu affirmieren und andere abzuwerten. Sie können vielmehr die Problematik der Entscheidungssituation selbst hervortreten lassen, indem sie die Dynamik der vermeintlichen Unausweichlichkeit unterbrechen.

6 Aby Warburg: *Heidnisch-antike Weissagung in Wort und Bild in Luthers Zeiten*, in: ders.: *Werke in einem Band*, hg. von Martin Treml, Sigrid Weigel und Perdita Ladwig. Frankfurt am Main 2010, S. 424-491, hier S. 485; vgl. auch Grave: *Bild und Zeit*, S. 206 f.

XIII. Zur Aktualität eines sperrigen Bildes

Es bedürfte einer eigenen ausführlichen Studie, um nachzuvollziehen, warum Delacroix' Freiheitsbild in der öffentlichen Wahrnehmung zu einer affirmativen Ikone der Revolution wurde. Dass sich diese Deutung und Bewertung des Gemäldes erfolgreich etablieren und durchsetzen konnte, ist nicht zuletzt auf die lange ›Inkubationszeit‹ seiner kollektiven Aneignung zurückzuführen. Denn in den ersten gut 30 Jahren war es für die Öffentlichkeit überwiegend unzugänglich.[1] Nach der Ausstellung im Salon wurde das Bild zwar für 3.000 Francs durch das Innenministerium angekauft[2] und dem Musée du Luxembourg übergeben. Dessen Katalog führt es dann auch in den Auflagen der Jahre 1832 und 1833 unter den Werken, die öffentlich präsentiert wurden.[3] Doch schon der Katalog von 1834 erwähnt das Bild nicht mehr;[4] und bereits im Jahr 1835 fragte Alexandre Decamps in der *Revue républicaine* eindringlich danach, wo Delacroix' *Liberté* verblieben sei.[5] Das Gemälde war offen-

1 Zum Folgenden vgl. Johnson: *The Paintings*, Bd. 1, S. 151, Anm. 1; Toussaint: *La liberté*, S. 60-62; und Hadjinicolaou: *Die Freiheit*, S. 85-92.

2 Die Ungewissheit, ob die Summe tatsächlich gezahlt wurde (vgl. Toussaint: *La liberté*, S. 59 f.), lässt sich inzwischen mit einem Brief Delacroix' vom 17. März 1848 ausräumen; vgl. Eugène Delacroix: *Nouvelles lettres*, hg. von Lee Johnson und Michèle Hannoosh. Bordeaux 2000, S. 60 f. – Zum Ankauf vgl. ferner Marrinan: *Painting Politics*, S. 68.

3 Vgl. *Explication des ouvrages de peinture et de sculpture de l'école moderne de France, exposés dans le Musée royal du Luxembourg*. Paris 1832, S. 70, Nr. 160; *Explication des ouvrages de peinture et de sculpture de l'école moderne de France, exposés dans le Musée royal du Luxembourg*. Paris 1833, S. 70, Nr. 160. – Toussaint (*La liberté*, S. 60) und Hadjinicolaou (*Die Freiheit*, S. 85) schreiben irrtümlich, dass der Katalog von 1833 Delacroix' Bild nicht mehr erwähne, obwohl es dort weiterhin im »Supplément à la peinture« aufgeführt wird.

4 Vgl. *Explication des ouvrages de peinture et de sculpture de l'école moderne de France, exposés dans le Musée royal du Luxembourg*. Paris 1834. Der Katalog führt von Delacroix nur noch die *Dantebarke*, das *Massaker auf Chios* sowie das gerade erst – nach der Präsentation im Salon desselben Jahres – angekaufte Gemälde *Die Frauen von Algier* auf (ebd., S. 12). Anders als zuvor enthält der Katalog nicht mehr ein »Supplément à la peinture«, in dem in den beiden Vorjahren Delacroix' *Liberté* aufgeführt war. – Für Auskünfte zu dem in der Bibliothek des Kunsthistorischen Instituts der Freien Universität Berlin verfügbaren Exemplar des Katalogs von 1834 gilt Ulrike Tarnow mein herzlicher Dank.

5 Alexandre Decamps: *Les arts et l'industrie au dix-neuvième siècle (2e article)*, in: Revue républicaine 4 (1835), S. 175-194, hier: S. 192: »Enfin, nous demanderons au gouvernement de juillet où est le tableau de *la Liberté* d'Eugène Delacroix [...].«

bar ins Depot verbracht worden. Zeitweilig wurde es sogar wieder dem Maler selbst anvertraut. Erst im Zuge der Revolution von 1848 wurde es im Jahr 1849 kurzzeitig wieder öffentlich gezeigt;[6] und nach einer persönlichen Intervention von Delacroix konnte es auch in die Retrospektive seiner Werke in der Pariser Weltausstellung von 1855 integriert werden. Ab 1863, dem Todesjahr von Delacroix, scheint es dann dauerhaft im Musée du Luxembourg verwahrt worden zu sein,[7] bevor es im Jahr 1874 an den Louvre übergeben und in die dortige Sammlung aufgenommen wurde.

Für ein Bild, das es nicht darauf anlegt, mit rhetorischer Verve möglichst wirkungsvoll eine eindeutige Botschaft zu vermitteln, sondern das mit gezielten Ambivalenzen und Ungewissheiten aufwartet, war es besonders folgenreich, lange Zeit der Öffentlichkeit entzogen zu sein. Denn je nach Kontext, in dem das Gemälde nach Jahren der Lagerung im Verborgenen wieder in den öffentlichen Diskurs eintrat, konnten seine Unbestimmtheiten sehr unterschiedlich aufgelöst werden. Unmittelbar nach der Revolution des Jahres 1848 lag es nahe, Delacroix' Werk als uneingeschränkte Affirmation von Freiheitsbewegungen zu deuten, während die weiteren Etappen, die Weltausstellung 1855 und die Präsentation im Musée du Luxembourg ab 1863, weniger an eine vermeintliche Botschaft des Bildes anknüpften als in ihm ein wichtiges Zeugnis des künstlerischen Schaffens von Delacroix sahen. Der Einzug in den Louvre fiel dann in eine Zeit, als Frankreich, nach dem Zusammenbruch des Second Empire, erneut Republik geworden war und sich eine andere, positivere Sicht auf die Revolution herausbildete.

Durch die langen Phasen, in denen das Gemälde nicht öffentlich ausgestellt war, wurde es aus seinem Entstehungskontext herausgelöst und in neue Zusammenhänge eingebettet, die nun unter deutlich anderen Bedingungen standen. Derartig forcierte Prozesse der De- und Rekontextualisierung haben erheblichen Einfluss darauf, wie ein Bild, das sich gezielter Unbestimmtheiten und schillernder Ambivalenzen bedient, einer eindeutigeren Interpretation zugeführt wird. Verschärft wurde diese Tendenz noch dadurch, dass das Gemälde seinen ersten prominenten Auftritt seit den frühen 1830er Jahren ausgerechnet kurz nach der Revolution von 1848 hatte, so dass seine Präsentation auch als Kommentar auf die neue politische Situation verstanden werden musste. Für ein Abwägen zwischen ambivalenten Eindrücken war dabei kaum Platz. Mit

6 Vgl. Delacroix/Johnson/Hannoosh: *Nouvelles lettres*, S. 60 f.

7 Sérullaz und Pomarède (*Eugène Delacroix. La liberté*, S. 57) gehen allerdings davon aus, dass das Gemälde auch ab 1863 nicht durchweg zu sehen war.

den aktualisierenden Neukontextualisierungen gingen unvermeidlich erhebliche Sinnverschiebungen und Vereindeutigungen einher. Sie wurden auch dadurch befördert, dass in Reproduktionen nicht selten lediglich Teile des Bildes, vor allem die heroische Hauptfigur, wiedergegeben wurden,[8] so dass die ambivalenten Momente ausgeblendet werden konnten.

Die Geschichte der späteren (Um-)Deutungen und Aneignungen lässt sich nicht mehr gänzlich vom Bild selbst ablösen, sondern beeinflusst auch unsere heutige Wahrnehmung. Sie kann aber zugleich als Ermutigung verstanden werden, Delacroix' Gemälde auch mit unserer eigenen Gegenwart in einen Dialog zu bringen. Dabei könnte sich die ihm eigene Ambivalenz und die damit einhergehende Einladung zum besonnenen Innehalten als überraschend aktuell erweisen. Wenn die vorangehenden Überlegungen nicht fehlgehen, kann das Freiheitsbild weder als eine uneingeschränkte Verherrlichung der Revolution noch als deren entschiedene Kritik gelten. Vielmehr entzieht sich das Bild einer solchen vermeintlich evidenten Wahl zwischen beiden Positionen, um diese Wahl selbst in Frage zu stellen und als verengt zu erweisen. Die Alternative, die das Gemälde nicht darstellt, sondern durch sein Angebot an die Betrachter ins Werk setzt, besteht darin, Zeit zum Sehen und Denken einzuräumen und damit die Möglichkeit zu eröffnen, Ambivalenzen zu realisieren, auszutragen und um weitere mögliche Alternativen zu bereichern. Wenn sich mit Delacroix' Bild eine Kritik verbindet, so zielt diese Kritik auf das Drängen zur sofortigen Positionierung und auf die Neigung, offene Fragen auf dichotome Oppositionen zu verengen. Das dargestellte Ereignis konfrontiert die Betrachter mit der äußersten Zuspitzung einer Situation, die zur unmittelbaren Entscheidung zwischen zwei Optionen zwingt. Indem das Bild aber das gezeigte Geschehen stillstellt, durchbricht es diesen scheinbar unausweichlichen Zwang. Damit bietet es die Gelegenheit, beim Blick auf die Akteure im Bild und auf ihr Handeln nicht allein in den Kategorien von Gut und Böse oder Freund und Feind zu denken.

Die Erfahrung, dass sich komplexe gesellschaftliche oder politische Fragen auf eine Entgegensetzung zweier Positionen zuspitzen, die allen eine eindeutige Stellungnahme abzuverlangen scheint, ist uns ebenso vertraut wie die Tendenz, dass an die Stelle differenzierter Abwägungen präjudizierende moralische Wertungen treten. Delacroix' Revolutionsbild kann darauf aufmerksam machen, dass die dichotome Verengung und die Moralisierung von Diskussionen oder Entscheidungen häufig

8 Vgl. Floetemeyer: *Delacroix' Bild des Menschen*, S. 53.

mit Zeitdruck korreliert. Wer keine Zeit hat oder sich keine Zeit lässt, neigt dazu, komplexe Sachlagen auf zwei oder wenige Alternativen zu reduzieren. Wo der Raum zum Nachdenken fehlt, liegt es nahe, auf moralische Vorfestlegungen zurückzugreifen, an denen sich sogleich entscheidet, was richtig oder falsch ist. Es ist daher vielleicht kein Zufall, dass wir in einer Zeit der dramatisch beschleunigten Kommunikation über global vernetzte soziale Medien ein Unbehagen an zunehmend polarisierenden Debatten spüren. Neue Formen der Kommunikation, die zunächst einen Zugewinn an Freiheit zu versprechen schienen, tragen nun dazu bei, den Möglichkeitsraum des Denkens zu verengen, weil sie schlicht keine Zeit für besonnene Abwägungen lassen, die auch für problematische Nebeneffekte von eigentlich guten Anliegen oder für ›Dialektiken‹ der Aufklärung offenbleiben.

Bilder können einen erheblichen Anteil an solchen Prozessen der Beschleunigung, Verengung und Moralisierung gesellschaftlicher Diskussionen haben. Mit ihrer schieren Präsenz und vermeintlichen Evidenz tragen sie nicht selten dazu bei, einzelne Wahrnehmungen und Positionen wie selbstverständlich und natürlich erscheinen zu lassen, während andere erst gar nicht in den Blick kommen. Streng genommen sind es allerdings nicht die Bilder, sondern unsere Praktiken im Umgang mit ihnen, die solche Probleme aufwerfen. Die Bilder selbst lassen sich durchaus anders nutzen. Gerade weil sie statisch sind, können sie uns Zeit schenken. Und weil sie einen hohen Grad an Unbestimmtheit aufweisen, können sie dazu einladen, über den ersten Eindruck hinaus nach alternativen Wahrnehmungen und Deutungen Ausschau zu halten. Delacroix' *Die Freiheit führt das Volk* bringt diese Möglichkeiten von Bildern nicht nur produktiv zur Geltung, sondern kann auch dazu anregen, über die ganz eigene Weise nachzudenken, wie Bilder Freiräume des Denkens schaffen können. Wer Bilder nicht vereinfachend missbraucht, hält mit ihnen höchst anregende Hilfsmittel des Denkens und vielleicht gar einen Schlüssel zur Freiheit in den Händen.

XIV. Postscriptum: Im neuen Licht. Die jüngste Restaurierung des Bildes

Nach Abschluss der Arbeiten an diesem Buch wurde Delacroix' Gemälde von September 2023 bis April 2024 einer umfassenden Restaurierung unterzogen. Das Ergebnis ist bemerkenswert. Wer das Bild zuvor mehrfach eingehend im Original gesehen hat und gut zu kennen meinte, ist überrascht davon, wie es sich nun am angestammten Platz im Louvre präsentiert. Es erscheint klarer, differenzierter, aber auch kühler. In seinem neuen Zustand lädt das Gemälde dazu ein, hergebrachte Sehweisen und Deutungsmuster zu hinterfragen und die scheinbar so vertraute Szene in einem neuen Licht zu sehen.

Bislang wurde kein ausführlicher Bericht über die von Bénédicte Trémolières und Laurence Mugniot durchgeführten Restaurierungsarbeiten veröffentlicht. Pressemitteilungen des Louvre und des Centre de recherche et de restauration des musées de France weisen aber bereits auf besonders signifikante Veränderungen in der Erscheinungsweise hin, die sich beim Blick auf das Original bestätigen.[1] Die Abnahme dichter, vergilbter und eingetrübter Firnisschichten sowie späterer Übermalungen lässt insbesondere das Kleid der zentralen Frauenfigur deutlich anders aussehen. Es erscheint nicht mehr in einem einheitlichen Gelb, vielmehr erweist sich seine Grundfarbe als ein nuanciert abgestuftes Hellgrau, das nur an einigen Stellen in ein Gelb umschlägt. Die Ambivalenz zwischen hehrem Ideal und ungeschönter Wirklichkeit, durch die sich die Figur ohnehin auszeichnet, dürfte dadurch noch verstärkt werden. Daneben haben sich einige Beobachtungen aus der älteren Forschungsliteratur bestätigt: Der mit Pistolen bewaffnete Junge ist tatsächlich der Allegorie der Freiheit einen Schritt voraus, sein Abstand zur zentralen Frauenfigur ist erst im Laufe der Arbeit an der Komposition vergrößert worden, und bei der Allegorie der Freiheit wurden im Malprozess die Haltung des Kopfes und das Bauschen des Kleides modifiziert.

1 *Retour en salle de la Liberté guidant le peuble restaurée. Communiqué de presse, Musée du Louvre*, 30. April 2024. URL: https://presse.louvre.fr/retour-en-salle-de-la-liberte-guidant-le-peuple-restauree/ (letzter Zugriff: 24. Mai 2024); sowie *La liberté guidant le peuple, E. Delacroix, étude et restauration. Redécouvrir la composition du tableau grâce à la recherche scientifique, Centre de recherche et de restauration des musées de France* (C2RMF), 30. April 2024. URL: https://c2rmf.fr/actualite/la-liberte-guidant-le-peuple-e-delacroix-etude-et-restauration (letzter Zugriff: 24. Mai 2024).

Die Zurücknahme der Vergilbungen des Firnisses bringt auch das kühlere Farbspektrum deutlicher zur Geltung, so dass der Dreiklang aus Blau, Weiß und Rot und damit die Anspielung auf die Trikolore auffälliger wird. Bis in die Ausformulierung des Inkarnats hinein lassen sich nun Spuren von Blau, Weiß und Rot nachvollziehen, zum Beispiel auf dem rechten Schienbein des weitgehend entkleideten, unten links liegenden Leichnams. Die Restaurierung hat zudem weitere Indizien dafür aufgedeckt, dass Delacroix die Aufmerksamkeit bewusst auch auf die Randbereiche des Bildes lenken wollte. So treten nun im Hintergrund rechts die Gefechte an den Häuserzeilen klarer hervor, und in der Ecke links unten zieht ein herrenloser Lederschuh stärker die Blicke auf sich. Die vier dunklen vertikalen Linien, die über den Häuserzeilen rechts von den Türmen von Notre-Dame sichtbar waren (siehe oben Kapitel III), zeichnen sich nach der Restaurierung nicht mehr so klar ab. Weiterhin bleibt hier aber in der Himmelspartie eine leichte Verschattung sichtbar, die von einer ursprünglich anders geplanten Positionierung der Türme herrühren könnte.

Im Ganzen dürften die jüngsten Restaurierungsergebnisse mit den in diesem Buch skizzierten Überlegungen bestens vereinbar sein, ja sie zum Teil sogar zusätzlich stützen. Angesichts des restaurierten Zustands des Gemäldes erscheint es besonders plausibel, dass Delacroix es darauf angelegt hat, zu einer langen Betrachtung anzuregen. Damit kommt der Intuition von Gustave Planche, die am Beginn dieser Überlegungen stand, noch mehr Gewicht zu. Das Bild macht Freiheit erst erfahrbar, wenn wir aus der Momentaufnahme der revolutionären Dynamik heraustreten und uns Zeit zum Schauen und Denken nehmen. Das restaurierte Gemälde lädt dazu in besonderer Weise ein.

Abb. 1: Eugène Delacroix, *Die Freiheit führt das Volk* (*Le 28 juillet. La liberté guidant le peuple*), 1830, Öl auf Leinwand, 260 × 325 cm, Paris, Musée du Louvre.

DELACROIX.

311 — Le 28 juillet.

La liberté guidant le peuple.

312 — Le cardinal de Richelieu dans sa chapelle du Palais-Royal.

Il dit la messe entouré de la compagnie de ses gardes, le mousquet sur l'épaule et la mèche allumée.

(Palais-Royal.)

313 — Un Indien armé du *Gourka-kree*.

Les Indiens se servaient de cette arme pour couper les jarrets des chevaux, ou égorger les sentinelles avancées, en se traînant avec précaution près des camps anglais.

314 — Cromwel dans le château de Windsor.

Ayant retourné par hasard un portrait de Charles Ier., il tombe à cette vue dans une méditation profonde; il oublie qu'il a un témoin qui l'observe : c'est un espion du parti royaliste qui a obtenu accès auprès de lui.

(*Woodstock*, de Walter Scott.)

(Appartient à M. le duc de Fitz-James.)

Abb. 2: *Explication des ouvrages de peinture, sculpture, gravure, lithographie et architecture des Artistes vivans, exposés au Musée Royal, le 1er mai 1831*, Paris 1831 (Auszug).

Abb. 3: Eugène Delacroix, *Skizzen von Pariser Häuserzeilen und einer Kirche*, um 1830 oder nach 1857 (?), Bleistift, 16,8 × 14 cm, Paris, Musée du Louvre.

Abb. 4: Eugène Delacroix, *Skizze einer Pariser Häuserzeile*,
um 1830 oder nach 1857 (?), Bleistift, 16,8 × 14 cm, Paris, Musée du Louvre.

Abb. 5: Hippolyte Bellangé, *Révolution de 1830 (29 juillet). Formation des barricades*, 1830, Lithographie, 31,6 × 41,5 cm, Providence (RI), Brown University Library.

Abb. 6: Eugène Delacroix, *Die Freiheit führt das Volk* (Detail).

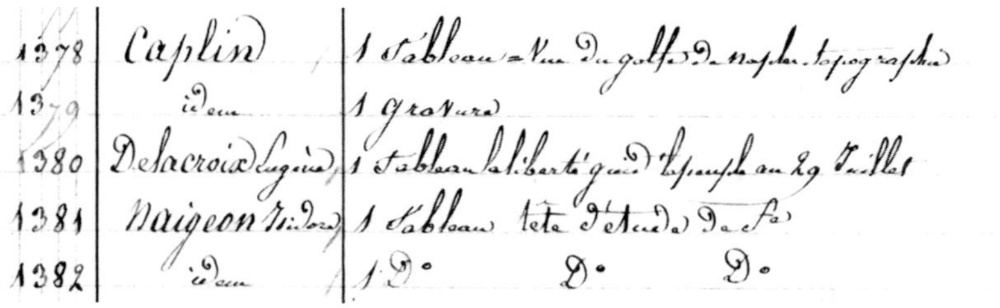

Abb. 7: *Registres des Salons. Registre des ouvrages 1831*, Pierrefitte-sur-Seine, Archives nationales de France. Archives des musées nationaux.

Abb. 8: Eugène Delacroix, *Die Freiheit führt das Volk* (Detail).

Abb. 9: Eugène Delacroix, *Die Freiheit führt das Volk* (Detail).

Abb. 10: Eugène Delacroix, *Die Freiheit führt das Volk* (Detail).

Abb. 11: Eugène Delacroix, *Griechenland auf den Ruinen von Missolunghi*, 1826, Öl auf Leinwand, 213 × 142 cm, Bordeaux, Musée des Beaux-Arts.

Abb. 12: Eugène Delacroix, *Das Massaker von Chios*, 1824,
Öl auf Leinwand, 419 × 354 cm, Paris, Musée du Louvre.

Abb. 13: Eugène Delacroix, *Boissy d'Anglas grüßt den Kopf des Abgeordneten Féraud*, 1831, Öl auf Leinwand, 78,3 × 103,3 cm, Bordeaux, Musée des Beaux-Arts.

Abb. 14: Eugène Delacroix, *Die Ermordung des Bischofs von Lüttich*, 1828/29, Öl auf Leinwand, 91 × 116 cm, Paris, Musée du Louvre.

Abb. 15: Eugène Delacroix, *Cromwell im Schloss Windsor*, um 1828, Öl auf Leinwand, 34,8 × 27,2 cm, Privatbesitz.

Abb. 16: Eugène Delacroix, *Studienblatt mit drei Kompositionsstudien*, frühe 1820er Jahre, Bleistift, Feder und Pinsel in Braun, weiß gehöht, 22,7 × 32,1 cm, Paris, Musée du Louvre.

Abb. 17: Eugène Delacroix, *Studienblatt mit Entwürfen zu Figuren und Kompositionsstudie*, frühe 1820er Jahre, Bleistift, Feder und Pinsel in Braun, 26,5 × 40,6 cm, Paris, Musée national Eugène Delacroix.

Abb. 18: Eugène Delacroix, *Zwei Kompositionsstudien*, Anfang/Mitte der 1820er Jahre, Bleistift, 22,3 × 15,5 cm, Weimar, Klassik Stiftung Weimar.

Abb. 19: Eugène Delacroix, *Studienblatt mit Kompositionsstudie und Entwürfen zu Figuren*, Mitte der 1820er Jahre, Bleistift, 13,5 × 20,4 cm, Paris, Musée du Louvre.

Abb. 20: Eugène Delacroix, *Figurenstudien*, Mitte der 1820er Jahre, Bleistift, 13,5 × 20,4 cm, Paris, Musée du Louvre.

Abb. 21: Eugène Delacroix, *Figurenstudie*, Mitte der 1820er Jahre,
Bleistift, 13,5 × 20,4 cm, Paris, Musée du Louvre.

Abb. 22: Marcantonio Raimondi nach Raffael, *Pietà*, um 1515/17, Kupferstich, 31 × 22,2 cm, New York, Metropolitan Museum of Art.

Abb. 23: Eugène Delacroix, *Figurenstudie*, um 1830 (?), Pinsel in Braun, 20,8 × 23,5 cm, Privatbesitz.

Abb. 24: Eugène Delacroix, *Figurenstudie*, um 1830 (?), Bleistift, 20,8 × 23,5 cm, Privatbesitz.

Abb. 25: Eugène Delacroix, *Figurenstudien*, um 1830 (?), Bleistift, 23 × 34,5 cm, Privatbesitz.

Abb. 26: Eugène Delacroix, *Kompositionsstudie*, um 1830 (?), Bleistift, 19,2 × 30,2 cm, Privatbesitz.

Abb. 27: Eugène Delacroix, *Le 28 juillet. La liberté guidant le peuple* (Ölskizze), um 1830, Öl auf Leinwand, 64,5 × 81,3 cm, Privatbesitz (als Leihgabe im Musée national Eugène Delacroix, Paris).

Abb. 28: Eugène Delacroix, *Studien zu Draperien*, um 1830, Bleistift, weiß gehöht, 28,5 × 20,5 cm, Paris, Musée du Louvre.

Abb. 29: Eugène Delacroix, *Studie einer weiblichen Figur mit Stab*, um 1830, Bleistift, weiß gehöht, 32,4 × 22,8 cm, Paris, Musée du Louvre.

Abb. 30: Eugène Delacroix, *Studie einer weiblichen Figur*, um 1830, Bleistift, weiß gehöht, 29,9 × 19,6 cm, Paris, Musée du Louvre.

Abb. 31: Eugène Delacroix, *Figuren-, Draperie- und Detailstudien*, um 1830 (?), Bleistift, 22,5 × 35 cm, Privatbesitz.

Abb. 32: Eugène Delacroix, *Studie eines jungen Mannes mit Säbel*,
um 1830 (?), Bleistift, 29,8 × 20,8 cm, Privatbesitz.

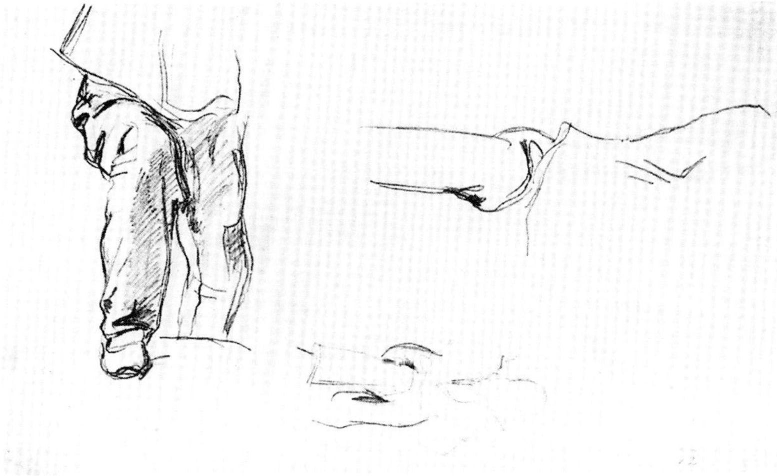

Abb. 33: Eugène Delacroix, *Studie zum Knaben*, um 1830 (?), Bleistift, 22,5 × 34,3 cm, Privatbesitz.

Abb. 34: Eugène Delacroix, *Figurenstudien*, um 1830, Feder und Pinsel in Braun, 21,5 × 34,2 cm, New York, Metropolitan Museum of Art.

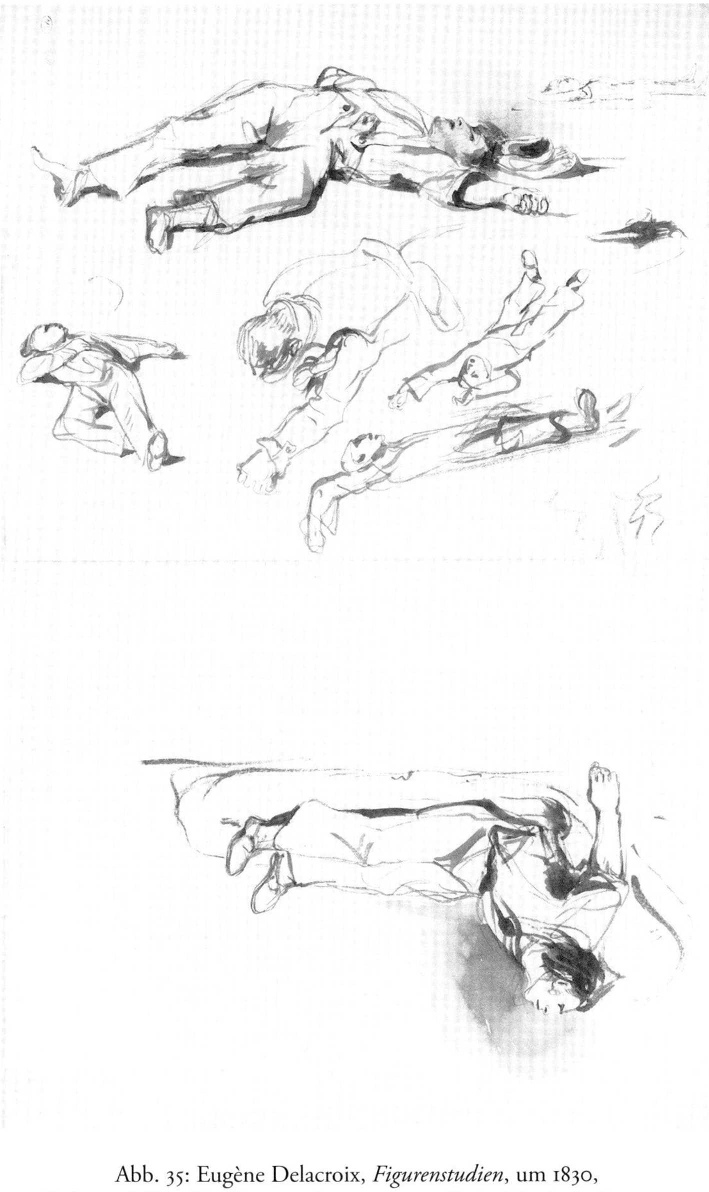

Abb. 35: Eugène Delacroix, *Figurenstudien*, um 1830,
Feder und Pinsel in Braun, 36,2 × 22,4 cm, Paris, Musée du Louvre.

Abb. 36: Eugène Delacroix, *Figurenstudie*, um 1830 (?),
Bleistift, 21,8 × 31,6 cm, Privatbesitz.

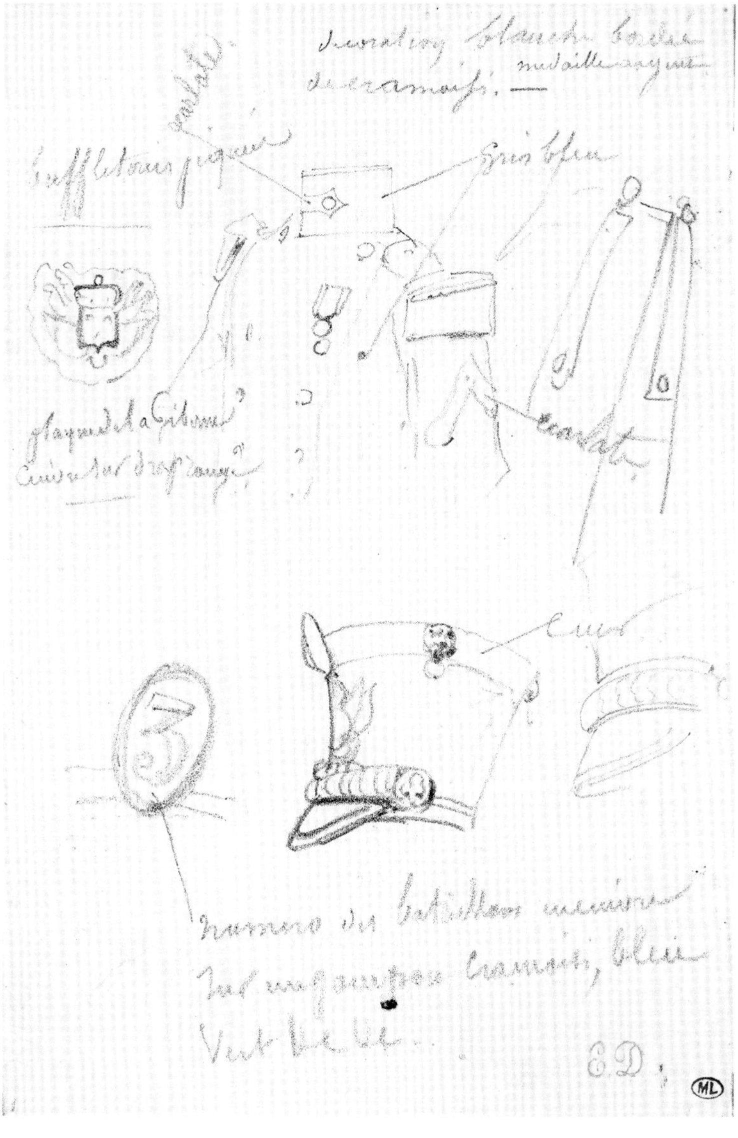

Abb. 37: Eugène Delacroix, *Studien zu einer Uniform*, um 1830, Bleistift, 20,1 × 13 cm, Paris, Musée du Louvre.

Abb. 38: Jean-Jacques Avril nach Clément-Pierre Marillier, *Le siège de Beauvais*, 1785, Radierung, 25,7 × 33 cm, Pau, Musée national du Château de Pau.

Abb. 39: Charles Philibert Comte de Lasteyrie du Saillant nach Ary Scheffer, *Le vengeur*, 1819, Lithographie, 65 × 55 cm, Dordrecht, Dordrechts Museum.

Abb. 40: Eugène Delacroix, *Entwurf zur Vierge du Sacré-Cœur*, um 1820/21, Bleistift, Pinsel in Braun, weiß gehöht, 16,7 × 22 cm, Musée du Louvre.

Abb. 41: Théodore Géricault, *Das Floß der Medusa*, 1818/19, Öl auf Leinwand, 491 × 716 cm, Paris, Musée du Louvre.

Abb. 42: Antoine-Jean Gros, *Napoleon auf dem Schlachtfeld bei Eylau*, 1808, Öl auf Leinwand, 521 × 784 cm, Paris, Musée du Louvre.

Abb. 43: Jean Pesne nach Nicolas Poussin, *Anbetung der Hirten*, vor 1682, Kupferstich und Radierung, 43,8 × 57,3 cm (Platte), Braunschweig, Herzog Anton Ulrich-Museum.

Abb. 44: Marcantonio Raimondi nach Raffael, *Bethlehemitischer Kindermord*, um 1512/13, Kupferstich, 28,1 × 43 cm, New York, Metropolitan Museum of Art.

Abb. 45: Eugène Delacroix, *Kniende Frau mit Kind* (Figur aus Marcantonio Raimondis *Bethlehemitischem Kindermord*), um 1824 (?), Bleistift, Pinsel in Braun, 23,8 × 17,8 cm, Paris, Musée du Louvre.

Abb. 46: Léon Cogniet, *Szene aus dem Bethlehemitischen Kindermord,* 1824, Öl auf Leinwand, 261,3 × 228,3 cm, Rennes, Musée des Beaux-Arts.

Abb. 47: Jacques-Louis David, *Die Sabinerinnen*, 1799,
Öl auf Leinwand, 385 × 522 cm, Paris, Musée du Louvre.

Abb. 48: Jacques-Louis David, *Leonidas an den Thermopylen*, 1814, Öl auf Leinwand, 395 × 531 cm, Paris, Musée du Louvre.

Abb. 49: Xavier Sigalon, *Locusta überprüft die Wirkung eines für Britannicus bestimmten Gifts,* 1824, Öl auf Leinwand, 220 × 290 cm, Nîmes, Musée des Beaux-Arts.

Abb. 50: Eugène Delacroix, *Der Tod des Sardanapal*, 1827,
Öl auf Leinwand, 392 × 496 cm, Paris, Musée du Louvre.

Abb. 51: León Cogniet, *Szene aus dem Juli 1830*, 1830, Öl auf Leinwand, 19,3 × 24 cm, Orléans, Musée des Beaux-Arts.

Dank

Die mit diesem Buch zur Diskussion gestellten Gedanken zu Delacroix' *Die Freiheit führt das Volk* gehen auf Beobachtungen und Überlegungen zurück, die ich über mehrere Jahre in der universitären Lehre, auf Reisen zum Original und im Austausch mit Kolleginnen und Kollegen entwickeln konnte. Den Anstoß, diese verstreuten Ideen auszuarbeiten und auf ihre Plausibilität hin zu prüfen, verdanke ich der Einladung zu einem Vortrag in der Münchner Carl Friedrich von Siemens Stiftung. Von der dortigen Diskussion im Mai 2022 hat das Buch ebenso profitiert wie von weiteren Gelegenheiten zur Vorstellung meiner Überlegungen in Würzburg und Jena. Unter den Kolleginnen und Kollegen in Jena und andernorts, die auf vielfache Weise halfen, danke ich insbesondere Ralph Ubl (Basel) für wichtige Hinweise und kluge Nachfragen sowie Hannes Kerber (München) für Verbesserungsvorschläge am Manuskript. Der Deutschen Forschungsgemeinschaft ist dafür zu danken, dass die Ausarbeitung durch Mittel des Leibniz-Preises unterstützt wurde. Nicht zuletzt gilt mein Dank Sabine Schneider für ihre ermutigende Einschätzung zum Manuskript und für die Zustimmung zur Aufnahme in die Reihe »Ästhetik um 1800« sowie dem Wallstein Verlag, namentlich Andrea Knigge, dafür, dass aus dem Manuskript ein schönes Buch geworden ist.

Bildnachweis

Seminar für Kunstgeschichte und Filmwissenschaft der Friedrich-Schiller-Universität Jena: 1, 2, 6-15, 27, 41, 42, 46-51. — © RMN-Grand Palais (musée du Louvre) / Michel Urtado: 3, 4, 28-30, 37. — Providence (RI), Brown University Library: 5. — © RMN-Grand Palais (musée du Louvre) / Thierry Le Mage: 16, 19-21. — bpk / RMN-Grand Palais / Tony Querrec: 17. — Klassik Stiftung Weimar, Bestand Museen: 18. — New York, Metropolitan Museum of Art: 22 (= MET, Acc.No. 17.50.37), 34 (= MET, Acc.-No. 2013.1135.12), 44 (= MET, Acc.-No. 22.67.21). — Revue de l'art 14, 1971: 23-26, 31-33, 36. — © RMN-Grand Palais (musée du Louvre) / image RMN-GP: 35. — bpk / RMN-Grand Palais / René-Gabriel Ojeda: 38. — Dordrechts Museum (DM/S/P72, bequest of Cornelia Marjolin-Scheffer, 1899), Foto: Jorgen M. Snoep: 39. — © RMN-Grand Palais (musée du Louvre) / Christophe Chavan: 40. — Herzog Anton Ulrich-Museum Braunschweig: 43. — Musée du Louvre, Dist. RMN-Grand Palais / Marc Jeanneteau: 45.